Ingeborg Waldschmidt

MARIA MONTESSORI

Leben und Werk

Verlag C.H.Beck

Mit 2 Abbildungen

Die Deutsche Bibliothek – CIP-Einheitsaufnahme

Waldschmidt, Ingeborg:
Maria Montessori : Leben und Werk /
Ingeborg Waldschmidt. – Orig.-Ausg. – München :
Beck, 2001
   (C. H. Beck Wissen in der Beck'schen Reihe ; 2174)
   ISBN 3 406 44774 0

Originalausgabe
ISBN 3 406 44774 0

Umschlagentwurf von Uwe Göbel, München
Umschlagabbildung: © Bilderdienst Süddeutscher Verlag, München
© Verlag C. H. Beck oHG, München 2001
Gesamtherstellung: Druckerei C. H. Beck, Nördlingen
Printed in Germany

www.beck.de

Inhalt

Maria Montessori (1870–1952)

Vorwort

Auf einem Kongreß Ende der 40er Jahre des letzten Jahrhunderts hat Maria Montessori (1870–1952) sinngemäß gesagt: „Schaut nicht auf meinen Finger, der euch die Richtung weist, sondern schaut auf das Kind." In ihrer Pädagogik sah sie, das macht dieser Satz deutlich, kein geschlossenes System. Sie war – verliert man die Grundprinzipien nicht aus den Augen – offen und flexibel. Davon zeugen die Erfolge der weltweiten vorschulischen und schulischen Montessori-Einrichtungen, die, unabhängig von Kulturkreis und Religionszugehörigkeit, im Lauf der Jahrzehnte entstanden sind.

Maria Montessoris Pädagogik gründete auf der Einsicht, daß Kinder ihre eigenen Gesetze beim geistigen und körperlichen Wachstum entfalten. Diese Kräfte der „Selbsterziehung" müßten von der Pädagogik beachtet, Selbsttätigkeit und Spontaneität könnten in dieser Erkenntnis geweckt und gefördert werden.

So wurde sie zur Anwältin der Kinder auf der ganzen Welt. Und die Begriffe Würde und Rechte der Kinder durchziehen wie ein roter Faden ihr gesamtes Werk. Ihr schien es möglich, daß durch eine veränderte Erziehung eine „neue" Menschengeneration heranwachsen könnte. Selbständig denkende, urteilende und handelnde Menschen könnten die Welt verändern, wenn ihnen entsprechende Werte und Normen für ein friedliches Zusammenleben vorgelebt würden.

Maria Montessoris Ziel von Erziehung war jedoch nicht nur, die friedliche Einheit der Menschen untereinander herzustellen, sondern auch die Harmonie zwischen Mensch und Kosmos. Die Ökologie – als globales Problem – hatte für sie schon früh große Bedeutung im Gedanken an den Fortbestand der Menschheit. Die Verantwortung des Menschen für den Planeten Erde als Grundlage der eigenen Existenz gehört zu den Grundmustern ihrer Pädagogik.

Mit diesem Band wird eine knappe Darstellung ihres Lebens und ihrer Erziehungsphilosophie vorgelegt, wobei auf die Behandlung der Materialsysteme verzichtet wird. Die im letzten Jahrzehnt ins Deutsche übersetzten Schriften aus dem Nachlaß Maria Montessoris zeigen umfassend ihre Pädagogik. Die Sekundärliteratur – die in einer repräsentativen Auswahl im Anhang aufgeführt wird – soll hilfreich für die Deutung und die Adaption der Erziehungsphilosophie Maria Montessoris sein.

1. Die Lebensgeschichte

In der ersten Hälfte des 19. Jahrhunderts war das heutige Italien – zuerst von Frankreich, dann von Österreich beherrscht – in kleine Königreiche, Herzog- und Fürstentümer zerrissen. Breite Bevölkerungsschichten waren verarmt, analphabetisiert und ohne bürgerliche Rechte. Erst langsam setzte sich die nationale Freiheitsbewegung (Risorgimento) durch. In den 60er Jahren konnten die österreichischen Machthaber vertrieben werden, und seit 1870 war Italien frei und unabhängig.

Damit waren freilich soziale Reformen, Bürgerrechte und Wahlrecht, Pressefreiheit und die Einführung eines Bildungsprogramms noch nicht verbunden. Zwar gab es ab 1859 die allgemeine Schulpflicht, konsequent wurde sie aber noch nicht durchgesetzt. So sah das neue Schulgesetz von 1877 wohl einen vierjährigen Schulbesuch für alle Kinder vor, aber angesichts der Armut weiter Bevölkerungsschichten mußten die meisten Kinder für den Unterhalt der Familie mit aufkommen. Neunjährige arbeiteten in Textilfabriken, die Kleineren bei der Feldarbeit. Die Schulbildung trat gegenüber der existentiellen Not zurück.

Die Arbeits- und Lebensbedingungen der Landarbeiter im Süden waren ebenso katastrophal wie die des städtischen Industrieproletariats, jener Menschen, die in der Hoffnung auf bessere Lebensbedingungen vom Land in die Stadt gekommen waren. Vor allem Frauen hatten unter diesen Verhältnissen zu leiden. „Das erwachende Bewußtsein der Arbeiterklasse stieß bei einigen auf Sympathie, aber die meisten Angehörigen der Mittel- und Oberschicht sahen es als eine Bedrohung des sozialen Gefüges an."[1] Sozialreformerische Ideen, die dem Risorgimento zu einem überwältigenden Erfolg verholfen hatten, konnten sich gegenüber einer passiven Bürokratie, vor allem aber gegen Landadel und Besitzbürgertum nur schwer und äußerst langsam durchsetzen.

Maria Montessoris Schulzeit und ihre ersten Berufsjahre wurden von diesen Verhältnissen entscheidend geprägt.

Maria Montessori wurde am 31. 8. 1870 – im Jahr der Einigung Italiens – in Chiaravalle einer kleinen Stadt bei Ancona als erstes und einziges Kind von Alessandro (1832–1915) und Renilde Montessori (1840–1912) geboren. Der Vater, Offizier der Freiheitsbewegung, begann 1850 eine Laufbahn als Staatsbeamter. 1870 wurde er Verwaltungschef der vom Staat betriebenen Tabakindustrie. 1875 avancierte er zum Revisor erster Klasse in Rom, wurde mit dem Titel „cavaliere" ausgezeichnet, und die neue gesellschaftliche Stellung als Staatsbeamter veränderte auch seine Einstellung: Das System hatte ihn erfolgreich aufgenommen. Von dem Ideengut des Risorgimento, das er in seiner Jugend vertreten hatte, blieb keine Spur. Maria Montessori sollte das an den Erziehungsvorstellungen ihres Vaters zu spüren bekommen. Zwischen den Eltern führte das nicht selten zu Konflikten.

Die Mutter, Renilde Montessori, entstammte der Bologneser Gutsbesitzerfamilie Stoppani, die der Bildung – auch der Frauen – aufgeschlossen gegenüberstand. Für die damalige Zeit verfügte sie über eine ungewöhnliche Bildung. Mit Interesse verfolgte sie die Ziele der Befreiungsbewegung. Da sie – wie zur damaligen Zeit in ihrer sozialen Schicht üblich – keinen Beruf ausübte, kümmerte sie sich intensiv um die Erziehung ihrer Tochter. Die spärlichen Belege zur Kindheit Maria Montessoris zeigen, daß die Mutter besonderes Gewicht auf das Sozialverhalten der Tochter legte. Maria Montessori mußte verschiedene Arbeiten im Haus übernehmen, für Kinder armer Familien stricken und ein behindertes Nachbarkind betreuen. „Im Umgang mit den Spielgefährten zeigte sie bald eine ausgesprochene Führernatur; meistens war sie es, die Beschäftigungen auswählte oder neue erdachte."[2]

In ihren ersten vier Grundschuljahren war sie keine besonders gute Schülerin. Ihr Sohn meinte sogar, sie sei „die schlechteste Schülerin"[3] gewesen. Die noch an alten restriktiv-autoritären Erziehungsmustern orientierte italienische Grundschule, die den Kindern keinerlei freie Entfaltung ermöglichte, entsprach so gar nicht den Vorstellungen, die ihr durch die mütterliche Erziehung vermittelt worden waren. Deshalb stillte sie ihren Wissensdurst zu Hause. Diese schulische Passivität änderte sich erst, als sie etwa zehn Jahre alt war. Ihr Ehrgeiz und Fleiß erwachten. Zusätzlich fühlte sie sich von einer „Mission" erfüllt. So schilderte ihre Freundin Anna Maccheroni eine Begebenheit zwischen Mutter und Tochter, die sich ereignete, als Maria schwer krank war. Sie habe zu ihrer Mutter gesagt: „Mach' dir keine Sorgen, Mutter, ich kann nicht sterben, ich hab' noch zuviel zu tun!"[4] Betrachtet man ihren Lebenslauf, so scheint sich dieses anekdotenhafte Ereignis wie ein roter Faden durch ihr Leben zu ziehen. Ein gewisses „Sendungsbewußtsein" bestimmte sie bis ins hohe Alter. Der „Wandel" der zehnjährigen Maria Montessori zeigte sich sowohl in ihren schulischen Leistungen als auch am Spektrum ihrer Interessen. Mit hervorragenden Zeugnissen schloß sie die frühe Schulzeit ab. Der Zwölfjährigen hatte es die Mathematik offenbar besonders angetan. So nahm sie zu einer Theateraufführung ein Mathematikbuch mit, um im Halbdunkeln während der Vorstellung und in den Pausen zu lernen. Solche Eigenwilligkeiten wurden bezeichnend für sie. So hat sie zeitlebens „die intellektuelle Seite des Menschen gegenüber der musischen sehr vorgezogen. Daß sie nicht gern und nicht gut zeichnete, hat sie mehrfach ausgesprochen".[5]

Vehement weigerte sich Maria Montessori, ein klassisches Gymnasium zu besuchen, das für Mädchen begüterter Familien allgemein üblich war. Meist mündete die Schullaufbahn im Lehrerinnenberuf. Und Lehrerin wollte sie auf gar keinen Fall werden!

Der für Maria Montessori inakzeptable Schultyp kam freilich den Vorstellungen ihres Vaters durchaus am nächsten. Sein vorgeprägtes Idealbild war die gesellschaftlich gesicherte, gebildete Tochter, die bis zur möglichen Eheschließung den Beruf der Lehrerin ausüben konnte.

Er hätte jedoch mit ihrer Eigenwilligkeit und ihrem Durchsetzungsvermögen gleichwohl rechnen müssen. In der patriarchalischen Gesellschaft dieser Zeit war weibliche Eigenständigkeit durchaus ungewöhnlich, Frauen wurden weder schulisch noch gesellschaftlich gefördert und gefordert. Alessandro

Montessoris Tochter wuchs jedoch in der Vorstellung auf, daß Veränderungen möglich seien, und überdies war sie davon überzeugt, daß sie selbst diese bewirken könne. In ihrer unerschütterlichen Entschlossenheit war ihr die Mutter eine zuverlässige Partnerin. Die beiden Frauen setzten sich durch: die Dreizehnjährige besuchte von 1883–1890 eine technisch-naturwissenschaftliche Schule.

Der Lehrplan vermittelte moderne Bildungsinhalte. Der dreijährige Grundkurs bot neben Französisch auch Buchhaltung, Arithmetik, Algebra und Geometrie, Geschichte und Erdkunde sowie naturwissenschaftliche Fächer an: Physik und Chemie. In einem anschließenden vierjährigen Kurs kamen Deutsch und Englisch hinzu. So modern die Lehrinhalte erscheinen mochten, so antiquiert waren Methoden und Schulalltag. Die Schülerinnen nahmen den Stoff bloß auf, lernten ihn auswendig und gaben ihn wieder. In unbequeme Schulbänke eingezwängt, folgten sie bewegungslos dem Unterricht. Eigene Ideen, eigene Initiative, gar kritisches Fragen waren absolut unerwünscht. Die Metapher vom „Nürnberger Trichter" schien bei dieser Form von Unterricht Gestalt anzunehmen, ein Schulsystem, das für Maria Montessori zum Beispiel verfehlter Erziehung wurde. Ihr späterer Kampf gegen das erstarrte Schulsystem, seine Konformität, seine physische und geistige Passivität und seine festgeschraubten, unbequemen Schulbänke hat hier seine Wurzeln.

Sie beendete ihre Schulzeit 1890 mit guten Noten (137 von 150 möglichen Punkten). Dem Vater erschien ihr Berufswunsch, Ingenieurin zu werden, gesellschaftlich inakzeptabel. Noch mehr väterliche Irritation löste sie mit dem Wunsch aus, Ärztin zu werden. Ein Wunsch, der ebenso bestimmt war von ihrem sozialen Engagement wie vom großen Interesse an der Biologie. Überdies schien ihr der Arztberuf Möglichkeiten zu eröffnen, sozialen Mißständen zu begegnen und damit gesellschaftliche Wirksamkeit zu entfalten. Aber die Berufswahl stieß in ihrer Umgebung – besonders aber beim Vater – auf völliges Unverständnis. Wie sollte es möglich sein, eine so illusionäre und an den gesellschaftlichen Verhältnissen vorbeigehende Zielvorstellung zu entwickeln? Der Arztberuf war ausschließlich eine Männerdomäne, an medizinischen Fakultäten konnten sich weibliche Studenten nicht immatrikulieren. Man war der Ansicht, Frauen wären den physischen und psychischen Belastungen nicht gewachsen. Doch Maria Montessori erreichte mit ihrer Hartnäckigkeit und ihrem ungewöhnlichen Selbstbewußtsein durch Eingaben, Gesuche und persönliche Vorsprachen, daß sie sich – als Vorstufe zu ihrem Berufswunsch – im Herbst 1890 an der Universität Rom als Studentin für Mathematik, Physik und Naturwissenschaften einschreiben konnte. Im Frühjahr 1892 legte sie mit acht von zehn möglichen Punkten ihr „Diploma di licenza" ab. Damit erwarb sie zwar die Berechtigung für das Medizinstudium: Doch sie war eine Frau. Welche Umstände schließlich – einige Zeitungen aus dieser Zeit und Maria Montessori selbst berichten von einer Fürsprache von Papst Leo XIII. – die Zulassung zum Medizinstudium mit seinen vierjährigen Kursen in Anatomie, Pathologie und klinischer Medizin ermöglichten, ist nicht mehr belegbar. Hatte Maria Montessori zwar beharrlich die bürokratischen Hürden überwunden, so traten neben die formalen Hindernisse auch menschlich-soziale. Von Kommilitonen und Lehrern – alles Männer – wurde sie in den ersten Studienjahren nur widerwillig akzeptiert. Auch bewußte Provokationen und institutionelle Auflagen in der Männergesellschaft, die sie isolierten, blieben ihr nicht erspart. So war es ihr beispielsweise verboten, zusammen mit den Kommilitonen den Vorlesungsraum zu betreten. Erst wenn alle ihre Plätze eingenommen hatten, durfte sie hereinkommen und selbst Platz nehmen. Die gesellschaftliche Norm erlaubte keinen Kontakt mit Männern. In den Sektionskursen blieb sie vollständig isoliert. Da es sich stets um männliche Leichen handelte, durfte Maria Montessori in Gegenwart von Männern keine nackten Körper ansehen oder gar berühren. So war sie gezwungen, nachts allein ihre Sektionen an den männlichen Leichen vorzunehmen, wobei das männliche Geschlechtsteil verhüllt wurde.[6] Um dem schwer erträglichen Leichengeruch in der Anatomie zu begegnen, engagierte sie einen Mann, der rauchen mußte, später rauchte sie selbst, um den Geruch zu überdecken.

Nicht nur der Geruch, auch die Bilder im Anatomiesaal, der Mensch ohne Haut und die isoliert dargebotenen menschlichen Organe, erregten ihren Abscheu und Ekel. Belegt ist dies in einem sehr anrührenden Brief, den Rita Kramer in ihrer Biographie zitiert; dort heißt es:

„... Wie war es mir nur in den Sinn gekommen, Anatomie zu studieren? Aber dann, was soll mit der Zukunft werden? Das Ziel, das leuchtende Ziel! Mir schien, als leuchte das Ziel ganz oben. Aber der Weg, der zu ihm führte! Nein, dieser Weg war zu fürchterlich ... Ich schwitzte am ganzen Körper und keuchte. Das erwünschte Ziel meines Lebens entzog sich mir. Ich, die ich an das Leben glaubte, sah seine Nutzlosigkeit. Ich werde niemandem Gutes tun können, ich werde ein nutzloses Ding sein, wie so viele andere! Ich werde schwer arbeiten, um einen Hungerlohn zu verdienen, wie so viele Lehrer. Aber es macht nichts. Besser eine Schneiderin, ein Dienstmädchen sein ... Aber nicht das, nicht das ..."

Weiter unten in dem Brief sagt sie: „Aber wer weiß? ... Es war ein tiefer innerer Glaube: Wer weiß? Und ich trank den bitteren Kelch aus bis zum letzten Tropfen."

Dieser letzte Satz wurde zum Motto für die Fortsetzung des Studiums. Ihre Selbstzweifel verschwanden allmählich.

Das „leuchtende Ziel" vor Augen, lernte und arbeitete sie unbeirrbar allein, ohne Gedankenaustausch und Diskussionen mit den Kommilitonen. Doch sie erwarb sich bei ihren Lehrern und später auch bei den Mitstudenten Respekt durch ihre Leistungen. Der Weg war hart und prägte zunehmend ihre Persönlichkeit. Noch aus ihren späten Jahren ist der Satz überliefert: „Arbeit ist notwendig. Es darf nichts anderes sein als eine Passion. Der Mensch ist nur glücklich, wenn er etwas leistet."[7]

Parallel zu ihrem Medizinstudium an der Universität und im Krankenhaus betätigte sie sich auf zwei anderen Gebieten, die bedeutsam wurden für ihr späteres Wirken. Um ihre finanzielle Unabhängigkeit weitgehend zu sichern, gab sie Privat-

und Nachhilfestunden. Die schulischen Probleme der Kinder verschafften ihr Einblick in relevante pädagogische Zusammenhänge und initiierten ein Problembewußtsein für die Würde des Kindes und für das individuelle Leben in einer Gesellschaft, die dringend einer Veränderung bedurfte.

Hinzu trat die Einsicht in das Los der Frauen im patriarchalen Italien des ausgehenden 19. Jahrhunderts. So engagierte sie sich zunehmend für eine sich bildende Frauenbewegung. Im August 1896 wurde sie italienische Delegierte am „Internationalen Frauenkongreß" in Berlin. Dort hielt sie im September in der Stadthalle vor 500 Teilnehmerinnen eine viel beachtete Rede gegen die Ausbeutung und Unterdrückung der Frau. Dabei hob sie besonders die Lage der Arbeiterin hervor. Die Presse freilich schenkte weniger ihrem Redebeitrag als ihrer eleganten Erscheinung und ihrem Charme Beachtung. Gleichwohl war nicht zu leugnen, daß sie sich von den anderen Kongreßteilnehmerinnen nicht nur optisch, sondern auch rhetorisch eindrucksvoll abhob. Sie wurde zum Presseliebling hochstilisiert. Diese Rolle gefiel ihr durchaus nicht. An die Eltern schrieb sie: „... Mein Gesicht wird nicht mehr in den Zeitungen erscheinen, und niemand wird mehr wagen, meinen sogenannten Zauber noch einmal zu besingen. Ich werde ernsthafte Arbeit tun."[8]

Nur zwei Monate vor dem Frauenkongreß hatte sie ihr Medizinstudium abgeschlossen. Als erste Italienerin erwarb sie mit einer neuropathologischen Arbeit den Doktortitel in Medizin und Chirurgie. Sie bewarb sich unter einem Pseudonym um eine Assistentenstelle an der Psychiatrischen Klinik der Universität Rom. Erst als man ihr die Stelle zusagte, kam heraus, daß es sich bei dem Bewerber um eine Frau handelte. Vom Berliner Frauenkongreß zurückgekehrt, wurde sie dennoch als Assistenzärztin eingestellt. Zwei Jahre lang arbeitete sie in der Kinderabteilung. Der Forschungsschwerpunkt der Klinik lag zu dieser Zeit auf der Erforschung des Zusammenhangs der Schilddrüsenfunktion und ihrem Einfluß auf Geisteskrankheiten. Man führte zahlreiche medikamentöse Versuche der Intervention mit Schilddrüsenpräparaten bei geistig zurückgebliebenen Kindern durch. Man übertrug Maria Montessori u. a. auch den Besuch von Irrenanstalten, um Kinder für die Behandlung im Krankenhaus zu bestimmen.

„In den Anstalten sah sie die schwachsinnigen Kinder, die man, da sie in der Familie oder in der Schule untragbar waren, in die Irrenanstalten abschob, da es keine andere öffentliche Anstalt für sie gab; sie waren dort neben den steinernen Katatonen [Form der Schizophrenie mit Krampfzuständen der Muskulatur], den kriminellen tobenden Irren und allen Arten menschlichen Elends, das dazwischen lag, eingesperrt."[9]

Maria Montessoris Berufsethos, Leiden zu lindern und sozialen Mißständen durch Reformen zu begegnen, wurde durch ihre Beobachtungen in den Irrenanstalten verstärkt. Noch Jahre später sah sie in der Begegnung mit den bedauernswerten und von der Gesellschaft vergessenen Geschöpfen die Initiationserfahrung für ihr Lebensziel.

Ein bestimmtes Erlebnis gab den Ausschlag für den Richtungswechsel. Von der reinen Medizinerin über die Sozialmedizinerin wird sie zur Pädagogin:

Sie besuchte eines Tages turnusgemäß die Kinderabteilung einer Irrenanstalt. Die Aufseherin beschwerte sich bei ihr über das abartige Verhalten der Kinder, die das angebotene Brot nicht nur essen würden, sondern Kügelchen und Figuren formten, mit denen sie spielten. Wie üblich wurden diese Kinder wie „Stallvieh" (Böhm) gehalten: hygienisch sauber, aber ohne Spielzeug oder andere alternative Betätigungsformen saßen sie stumpf und apathisch auf ihren Bänken. Die Betreuer hielten die Kinder für völlig interesselos. Einzige Zuwendung war die Versorgung existenzieller Grundbedürfnisse: Essen und Schlafen. Eine die Sinne bzw. die geistige Tätigkeit anregende Stimulation war nicht vorgesehen. Montessori erkannte in dem Spiel mit den Brotkrumen das Bedürfnis nach Beschäftigung.

Dieses Erlebnis ließ sie nicht mehr los. Sie suchte nach Literatur und Erfahrungsberichten, die Hilfe für diese vernachlässigten Kinder anboten. Bei ihren Recherchen stieß sie auf die damals fast vergessenen Bücher der beiden französischen Ärzte

Itard (1775–1838) und seines Schülers Séguin (1812–1880). Für ihren persönlichen Gebrauch übersetzte sie die Aufzeichnungen und Schriften aus dem Französischen.

Itard war Arzt an einer Pariser Taubstummenanstalt gewesen. Zu ihm brachte man einen in den Wäldern von Aveyron gefundenen etwa elfjährigen Jungen, der ohne jegliche menschliche Zuwendung sechs bis sieben Jahre unter Tieren im Wald überlebt hatte. (Truffauts Film „Der Wolfsjunge" hat sich dieses Schicksals angenommen.) Das Kind war mehr tier- als menschenähnlich und – außer Waldgeräuschen – jeglichen Sinneseindrücken gegenüber unzugänglich. Die Zivilisation machte den Jungen hilf- und kommunikationslos. Er lebte in seiner eigenen Welt. Itard übernahm die Aufgabe, ihn zu erziehen, obwohl die Fachwelt der Meinung war, es sei unmöglich, zu diesem Jungen durchzudringen. Itard hingegen deutete seine absolute Teilnahmslosigkeit nicht als Idiotie, sondern als Mangel an Sinneseindrücken und -ausbildung. Um die riesigen Entwicklungsdefizite zu kompensieren, fand Itard einen speziellen Weg, der über die angewandten Methoden für die Taubstummenerziehung hinausging. Er setzte auf die Entwicklung des Geistes durch die Erziehung der Sinne. Durch Anregung und Kanalisierung der Sinne hoffte er, den Jungen zum Sprechen zu bringen. Über rudimentäre Ansätze kam der Junge jedoch nicht hinaus. Schließlich gestand Itard sein Scheitern ein, den Wilden zu „zivilisieren".

Séguin lehrte am Hospice de Bicêtre, der bekannten Pariser Irrenanstalt. Sie wurde zum Vorbild für viele ähnliche Anstalten in der ganzen Welt, die sich der Erziehung von geistig Behinderten widmeten. Als Stufenfolge bei der Erziehung der Behinderten sah er zuerst die Ausbildung und Koordination der Bewegung („Erziehung der Aktivität") vor, dann die Ausbildung der sinnlichen Wahrnehmung, um schließlich zum geistigen Training des Intellekts zu kommen. Für diese Erziehungsmethode entwickelte er spezielles Material, das Maria Montessori zur Konstruktion eigener Materialien inspirierte. Hinter dieser Entwicklung stand die These: „Die tätige Hand fördert die Intelligenz."

Auf einer längeren Studienreise informierte sich Maria Montessori in mehreren Ländern (Frankreich, England, Deutschland) über die Erziehungspraxis bei Behinderten. Nach Rom zurückgekehrt, setzte sie die Anregungen und Beobachtungen in einer der Klinik angeschlossenen Schule um, entwarf selbst Material, modifizierte und ergänzte das Gesehene und arbeitete mit den behinderten Kindern. Sie kam immer mehr zu der Überzeugung, diesen Kindern sei weniger mit medizinischen als mit pädagogischen Mitteln zu helfen. Wie schon vor ihr Séguin räumte sie der Achtung der Individualität und damit der Würde des einzelnen Kindes Vorrang ein – unabhängig von seinen geistigen, seelischen und körperlichen Fähigkeiten.

Neben allen beruflichen Verpflichtungen (Klinik, Praxis, Schule) hörte sie an der Universität in Rom Pädagogik-Vorlesungen. Dadurch angeregt, las sie alle ihr zur Verfügung stehenden Werke der letzten 200 Jahre zur Erziehungstheorie, u. a. die Werke Rousseaus, Pestalozzis, Owens und wahrscheinlich auch Pereiras. Ihre eigene Theorie kann als Synthese dieser literarischen Vorgaben gelten.

In der Psychiatrischen Klinik lernte sie ihren Kollegen Dr. Guiseppe Montesano kennen, der sich wie sie mit großem Interesse der Entwicklung und den Problemen kranker und vernachlässigter Kinder zugewandt hatte. Gemeinsam publizierten sie ihre Ideen und Forschungsarbeiten in Fachzeitschriften. Aus der kollegialen Zusammenarbeit wurde eine Liebesbeziehung. Maria Montessori brachte am 31. 3. 1898 ihren unehelichen Sohn Mario zur Welt. Von den Gründen, warum Montesano und sie nicht geheiratet haben, ist nichts bekannt. Die familiären Nachkommen schweigen auch heute respektvoll darüber. Für Maria Montessori hatte die uneheliche Mutterschaft jedoch erhebliche Konsequenzen. Der Sohn wurde bald nach seiner Geburt aufs Land gegeben. Das Eingeständnis der unehelichen Geburt hätte aller Voraussicht nach zu einem erheblichen gesellschaftlichen Skandal und für die Mutter überdies zum Verlust der Approbation geführt. Viele Jahre hindurch hat sie regelmäßig, aber heimlich, den Sohn bei den

Pflegeeltern besucht. Erst nach dem Tod ihrer eigenen Mutter (1912) holte sie ihn zu sich. Anfangs gab sie ihn als ihren Neffen aus, nach dem Tod ihres Vaters (1915) hat sie ihn auch öffentlich als ihren Sohn anerkannt. Zu dieser Zeit hatten sich aber auch die gesellschaftlichen Verhältnisse etwas geändert, und sie selbst war bereits eine weltweit bekannte Persönlichkeit.

Insgeheim muß Montessori wohl bis 1901 noch damit gerechnet haben, daß die Verbindung zum Vater ihres Kindes legalisiert würde oder zumindest ihre Emotionen weniger belasteten. Doch dem war nicht so. 1901 verließ sie überraschend und aus nur von Freunden und Kollegen nachvollziehbaren Gründen das Institut. Rückschauend auf diese berufliche Phase sagte sie später einmal, die Arbeit mit den behinderten Kindern habe sie im Bereich der Pädagogik heimisch werden lassen.

Neben ihren beruflichen Verpflichtungen übernahm sie immer mehr ehrenamtliche Funktionen und wurde damit auch zunehmend öffentlich wahrgenommen. Auf dem nationalen Medizinerkongreß sprach sie 1897 über Kriminalität und ihren Zusammenhang mit sozialer Not. Außerdem forderte sie von der Gesellschaft Hilfen für zurückgebliebene und psychisch anormale Kinder. Kurz darauf trat sie auf dem Pädagogenkongreß für die Eingliederung von geistig Behinderten in den Gesellschaftsprozeß ein. Das sei ein Recht der Behinderten. Außerdem sei es für die Gesellschaft billiger, Mißstände zu beheben, als deren Folgen zu lindern. In diesen beiden Kongreßbeiträgen und ihrer nachfolgenden Arbeit werden bereits ihre Grundaussagen, die später als „Montessori-Methode" bekannt werden, in Konturen deutlich.

Sie engagierte sich überdies in der Liga für die Erziehung behinderter Kinder. In dieser Funktion hielt sie in vielen Städten Italiens und in London Vorträge. Ihre Appelle trugen Früchte. Nach dem Pädagogenkongreß bot man ihr die Leitung der ersten Ausbildungsstätte für Sonderschullehrer an. Ihre Vorlesungen beschäftigten sich mit Hygiene, Biologie und Anthropologie. Die ersten Sonderschulen entstanden mit ihrer

Unterstützung. Gleichzeitig arbeitete sie an weiteren medizinischen Veröffentlichungen.

Mittlerweile brachte man sie allgemein mit der Lage der Sonderschulerziehung und mit sozialreformerischem Ideengut in Verbindung, u. a. mit der Aufarbeitung von Vorurteilen gegenüber Frauen. So war die Meinung weit verbreitet, die Gewährung sozialer Gleichheit für die Frau würde die Institution Familie zerstören. Maria Montessori berichtet beispielsweise von einem „wissenschaftlichen Kongreß" in Wien, auf dem behauptet wurde, die natürliche Unterlegenheit der Frau sei eine Folge einer zu geringen Phosphatmenge im weiblichen Gehirn. Wenn Frauen jetzt auch noch studierten, bliebe ihnen keine Kraft mehr für die Fortpflanzung. Nach dieser Äußerung sei eine Wissenschaftlerin aufgestanden und habe das Auditorium aufgefordert: „Freunde und Kollegen, bitte widerlegen sie meine neun Kinder."

Eine weitere ehrenamtliche Tätigkeit Maria Montessoris war die offizielle Mitgliedschaft beim italienischen Roten Kreuz. In dieser Funktion wurde ihr ein Angebot unterbreitet, das ihr Leben und Wirken entscheidend veränderte. Die Medizinerin wandelte sich zur Pädagogin mit hohem sozialen Engagement.

In Roms Armenviertel San Lorenzo richtete Maria Montessori auf Bitten einer Wohnungsbaugesellschaft eine Tagesstätte für 50 noch nicht schulpflichtige Kinder ein. Die Kinder waren zwar verwahrlost, aber körperlich und geistig gesund. Die Armut zwang beide Eltern zur Arbeit. Die Kinder waren sich selbst überlassen. Aus Langeweile und Mangel an Spiel- und Beschäftigungsmöglichkeiten führten sie sich wie kleine Vandalen auf. Um diesen Zuständen zu begegnen, stellte die Wohnungsbaugesellschaft einen Raum zur Verfügung. Eine Frau sollte die Kinder beaufsichtigen. An eine Ausstattung mit Mobiliar und Spielzeug war nicht gedacht worden. Maria Montessori übernahm, für viele Bekannte und Freunde überraschend, die Leitung. Einige Kollegen waren sogar schockiert. Was hatte das mit Wissenschaft zu tun?

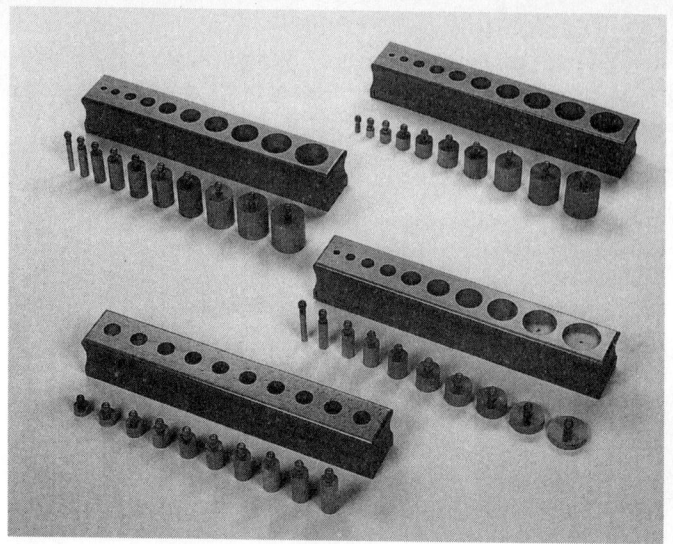

Abb. 2: Holzeinsatzzylinderblock der Firma Nienhuis
in Zelhem, Niederlande

Durch Sponsoren beschaffte sie die Ausstattung, so daß im Januar 1907 das Kinderhaus, *Casa dei Bambini*, eröffnet werden konnte. Neben den gespendeten Spielsachen brachte Maria Montessori das von ihr modifizierte und ergänzte didaktische Material aus ihrer Arbeit mit den geistig Behinderten in das Kinderhaus. Im Laufe der nächsten Wochen änderte sich das Verhalten der Kinder. Waren sie vorher wild, interesselos und Fremden gegenüber schüchtern gewesen, entwickelten sich jetzt Beziehungen untereinander, und ihre Persönlichkeiten veränderten sich positiv. Sie wurden aktiv, lebendig und zeigten zunehmend Selbstvertrauen.

Eine kleine Szene – sie wird in der Literatur oft als das „Montessori-Phänomen" bezeichnet – wurde für Montessori zum Schlüsselerlebnis. Ein kleines Mädchen arbeitete mit einem Einsatzzylinderblock, aus dem sie die Holzzylinder herauszog und wieder in die Vertiefungen steckte.

„… Dann beschloß ich, festzustellen, wie konzentriert sie bei ihrer seltsamen Beschäftigung war. Ich sagte der Lehrerin, sie solle die anderen Kinder singen und [herummarschieren lassen]. Aber das störte das Kind bei all seinen Mühen nicht. Ich hob dann das Stühlchen, in dem sie saß, vorsichtig auf und setzte es auf einen kleinen Tisch hinauf. Als ich den Stuhl aufhob, packte die Kleine die Gegenstände, mit denen sie arbeitete, und legte sie auf ihre Knie, fuhr aber dann mit der gleichen Aufgabe fort. Von dem Augenblick an, in dem ich zu zählen begonnen hatte, wiederholte sie die Übung zweiundvierzigmal. Dann hielt sie inne, als erwache sie aus einem Traum, und lächelte glücklich. Sie hatte glänzende Augen und sah sich um. Sie hatte nicht einmal bemerkt, was wir getan hatten, um sie zu stören. Und jetzt, aus keinem ersichtlichen Grund, war ihre Aufgabe beendet. Aber was war beendet, und warum?"[10]

Und sie fährt fort:

„Der Ausdruck des Mädchens zeugte von so intensiver Aufmerksamkeit, daß er für mich eine außerordentliche Offenbarung war. Die Kinder hatten bisher noch nicht eine solche auf einen Gegenstand fixierte Aufmerksamkeit gezeigt. Und da ich von der charakteristischen Unstetigkeit der Aufmerksamkeit des kleinen Kindes überzeugt war, die rastlos von einem Ding zum anderen wandert, wurde ich noch empfindlicher für dieses Phänomen."[11]

Diese Schilderung findet sich in mehreren Büchern Montessoris und wird von ihr als „Polarisation der Aufmerksamkeit" bezeichnet. Montessori berichtet an anderer Stelle weiter: „Jedesmal, wenn eine solche Polarisation der Aufmerksamkeit stattfand, begann sich das Kind vollständig zu verändern. Es wurde ruhiger, fast intelligenter und mitteilsamer. Es offenbarte außergewöhnliche innere Qualitäten, die an die höchsten Bewußtseinsphänomene erinnern, wie die der Bekehrung."[12]

Dieses Phänomen erschien ihr als Schlüssel für einen neuen pädagogischen Ansatz. Hatten schon die geistig Behinderten in der *Scuola Ortofrenica* solch beachtenswerte Erfolge mit dem didaktischen Material erreicht, wie würde es sich nun bei den „normalen" Kindern auswirken? Was mußte getan werden, damit sich das Phänomen der Polarisation einstellte und das Lernen, die Motivation und die Persönlichkeit des Kindes in diese Richtung gelenkt wurden?

Diese Gedankengänge durchziehen Montessoris Gesamtwerk. Der Ausgangspunkt waren die ersten Erfahrungen und Erlebnisse im Kinderhaus von San Lorenzo. Das Kinderhaus wurde zum „Versuchsfeld" ihrer Ideen. Schnell sprachen sich die Erfolge herum: Vorschulkinder konnten lesen und schreiben. Ihr „mathematischer Geist" entwickelte sich, und sie konnten selbständig und ohne Hilfe von Erwachsenen für sich selbst und die Umgebung sorgen. Das war ein Novum. Besucher aus vielen Ländern hospitierten in San Lorenzo und nahmen diese Eindrücke mit in ihre Heimatländer. Häufig waren die Hospitanten enthusiastisch. Diese Erziehungsform hatte bisher gefehlt. In mehreren Städten Italiens entstanden Kinderhäuser. Dabei stellte sich automatisch die Frage, wie sich diese Art von Erziehung auf Grundschulklassen übertragen ließe.

Was aber war das Erfolgsrezept?

Das Zusammenspiel von freiwilliger Bewegung und Aktivierung der Sinne ohne zeitliche Begrenzung führt durch Wiederholungen zur Polarisation der Aufmerksamkeit, zur Konzentration. Um diese äußerste Konzentration zu erreichen, bedarf es aber einer speziell vorbereiteten Umgebung mit dem entsprechenden didaktischen Material. Außerdem muß die Erzieher-/Lehrerrolle entschieden geändert werden. Diesen drei Zielen galten Montessoris weitere Studien. Dabei lag ihr Interesse – ihrer Ausbildung entsprechend – vorwiegend im wissenschaftlich-diagnostischen Bereich. „Mittels dieser Gegenstände wollte sie mit einiger wissenschaftlicher Genauigkeit bestimmen ... in welchen verschiedenen Lebensperioden anormale und normale Kinder dieselben Reaktionen zeigten, um so eine Beziehung zwischen dem geistigen Niveau der zurückgebliebenen und der gewöhnlichen Kinder festzustellen."[13] Die Erkenntnisse aus diesen Beobachtungen führten zur Entwicklung weiterer Materialien und zu ersten Ansätzen ihrer Erziehungsphilosophie.

In diesem ersten Kinderhaus ereigneten sich noch zwei weitere Schlüsselszenen, die Montessori bei der Entwicklung ihres pädagogischen Ansatzes stark beeinflußten.

Wenn man ihnen das entsprechende Material zur Verfügung stellte, kamen die Vier- und Fünfjährigen über das Schreiben zum Lesen („Schreib- und Leseexplosion"). Ein in ihren Armen schlafender Säugling regte sie zu Schweigelektionen oder Stilleübungen mit den Vorschulkindern an. Beide Ansätze (Lesen durch Schreiben und Stilleübungen) sind noch heute in der Fachliteratur gegenwärtig. Sie gehen auf Montessoris Erfahrungen im Kinderhaus im Jahr 1907 zurück.

Inzwischen hatte der Erfolg der Montessori-Methode ein so starkes Echo gefunden, daß weitere Kinderhäuser in Mailand und im italienisch sprechenden Teil der Schweiz entstanden. Um den Mangel an Lehrpersonal zu beheben und dem Wunsch vieler Pädagogen zu folgen, führte Montessori auf dem Landgut des wohlhabenden Ehepaars Franchetti 1909 den ersten Ausbildungskurs durch. Baronin Alice Franchetti und ihr Mann, ein Senator, wollten mit Hilfe des Kurses eine Lehrerin für die Schule ihrer Landarbeiterkinder finden. Kurz darauf luden die Franchettis Maria Montessori wiederum auf ihr Landgut ein. Dort schrieb sie in nur 20 Tagen ihre erste pädagogische Erfahrung und Theoriebildung im Kinderhaus nieder. Die Arbeit erschien noch im Jahr 1909 unter dem Titel *Il metodo della pedagogica scientifica*, kurz *Il metodo*, genannt. Sehr rasch wurde das Buch in andere Sprachen übersetzt. Besonders wohlwollend nahm man es in den USA auf. Die deutsche Übersetzung erschien erst 1913 im Verlag Hoffmann in Stuttgart unter dem Titel *Selbsttätige Erziehung im frühen Kindesalter*.

Montessoris Publizität wurde durch ihr erstes Buch weiter verbreitet, und sie konnte ihre Erziehungsphilosophie in zwei weiteren – diesmal aber internationalen – Kursen (1913/1914) darlegen. Die Kursteilnehmer gehörten verschiedenen Religionen, Sprachen, sozialen Schichten und politischen Gruppierungen an. Deutsche Teilnehmerinnen waren Elsa Ochs und Elisabeth Schwarz (später Schwarz-Hierl). Sie alle sahen in

Montessoris Ansatz ihre eigenen Erziehungsideale verwirklicht. Neben Sozialisten saßen Hindus, Buddhisten, Theosophen, Katholiken und Protestanten – ein erstaunliches Phänomen.

Mit den Vorbereitungen für die internationalen Kurse verband sie die Überlegung, wie die „Methode" auf die Grundschularbeit übertragen werden könnte. Dazu hatten ihre langjährigen Freundinnen Anna Maccheroni und Anna Fedeli beigetragen. Um sich ganz der pädagogischen Arbeit widmen zu können, gab Maria Montessori alle anderen Verpflichtungen auf. Von nun an arbeitete sie ausschließlich an ihrem Erziehungskonzept und der Verbreitung ihrer Ideen. Es entstanden die ersten Montessori-Gesellschaften in Rom, Neapel und Mailand. Viele weitere folgten in den nächsten Jahren, und zwar nicht nur in Italien, sondern in der ganzen Welt.

1913 reiste Maria Montessori auf mehrere Einladungen hin zum ersten Mal in die USA (2. Reise 1915), wo bereits 1911 auf Initiative Graham Bells, dem Erfinder des Telefons, die erste Montessori-Schule eröffnet worden war. Sie hielt Vorträge und traf sich mit John Dewey, Thomas Edison, Helen Keller und Helen Parkhurst („Dalton Plan"), die anläßlich der Weltausstellung in San Francisco in einem gläsernen Pavillon arbeitende Montessori-Kinder anleitete. Auf beiden Reisen wurde Montessori von der Öffentlichkeit begeistert gefeiert.

Bis 1914 entstanden Montessori-Einrichtungen in Rußland, China, Japan, Kanada und Chile.

Etwa ab 1910 begann Maria Montessori sich zunehmend dem Katholizismus zuzuwenden. Sie veröffentlichte Schriften zur Einführung von Kindern in die Liturgie noch bevor ihr Buch *Das Kind in der Kirche* in Barcelona erschien. Dorthin war sie 1916 umgezogen und behielt diesen Wohnsitz bis 1936. Der Grund für den Umzug ist vielschichtig. Einerseits hatte ein katholischer Geistlicher in Barcelona ähnliche Ideen zur Erziehung von Kindern „im Schatten der Kirche" erarbeitet, überdies befürworteten katholische Stellen die Verschmelzung dieser beiden religionspädagogischen Ansätze, andererseits boten die politischen Verhältnisse im neutralen Spanien Maria Montessori trotz des Ersten Weltkrieges ein verhältnismäßig freies Leben und die Möglichkeit zu reisen. Auf ausgedehnten Reisen zu Vorträgen und Kursen in vielen Ländern verbreitete sie ihre Erziehungsphilosophie – auch Montessori-Bewegung genannt. Der Gründung der italienischen Montessori-Gesellschaft folgten Gründungen in Amerika, England und in den Niederlanden. Insgesamt hielt Maria Montessori im Lauf ihres Lebens neun internationale Kongresse und über 30 Ausbildungskurse in zahlreichen Ländern ab. Sie sprach dort frei, ohne Manuskript – wie bereits in Berlin auf dem Frauenkongreß – in ihrer Muttersprache, ein Dolmetscher übersetzte in die jeweilige Landessprache. Ihr Sohn fungierte dabei zunehmend als Übersetzer in die englische Sprache. Die Mitschriften der meist weiblichen Teilnehmer bildeten später die Grundlage für Montessoris schriftliches Werk.

Bereits kurz nach Erscheinen ihres ersten Buches, vermehrt nach dem Ersten Weltkrieg, finden sich in der Sekundärliteratur – sowohl in Deutschland als auch in anderen Ländern – begeisterte Verfechter ihrer Ideen und auch heftige Kritiker. Maria Montessori ignorierte die Anregungen und Kritikpunkte jedoch, ja sie sagte sogar: „Wir haben isoliert gearbeitet, abgetrennt von der übrigen pädagogischen Welt. Keine Stimme von außen erreichte uns, und wir blieben in unserer Arbeit völlig ungestört. Wir selber verhielten uns schweigend. Keinen der Angriffe und keine der Kritiken, die gegen unser Werk gerichtet waren, haben wir beantwortet. Wir haben unsere Rechte nicht verteidigt. Niemanden haben wir daran gehindert, aus unserer Arbeit Nutzen zu ziehen. Ohne Gegenwehr haben wir alle Arten von verhohlenen Unterstellungen, offenen Attacken und den Abfall von Anhängern hingenommen. So ging unsere Arbeit weiter wie ein unterirdisches Feuer, das ständig an Glut gewinnt, doch über der Erde nur am Rauch erkannt wird. Für viele war dieser Rauch nur eine Art Ärgernis."[14]

Unter diesem Leitgedanken arbeitete sie mit einem kleinen Kreis Vertrauter beharrlich weiter an ihrer Erziehungsphilosophie.

Nachdem sie ihre medizinische Tätigkeit aufgegeben hatte, spielten selbstverständlich auch kommerzielle Aspekte eine Rolle. Die Kurse und Vorträge waren ihre einzige Einnahmequelle. Montessori achtete streng auf die Einhaltung der Kursbedingungen. Sie waren und sind auch heute noch mit einem hohen finanziellen und zeitlichen Aufwand verbunden. Ein Diplom berechtigte zur Arbeit in Montessori-Einrichtungen. Ihre Ideen sollten aber keinesfalls mit anderen Elementen vermischt werden. Konflikte waren dadurch vorprogrammiert. So auch in Deutschland. Montessori verweigerte infolgedessen 1927 in Berlin ihre Unterschrift unter die Diplome, weil ihrer Meinung nach starke „sozialistische Elemente" beigemischt wurden.

In den 20er Jahren gab es weltweit Montessori-Einrichtungen. Montessori war eine der bekanntesten Frauen. Förderer ihrer Ideen waren u. a. Sigmund Freud, Giovanni Gentile, Jean Piaget, später Nehru, Gandhi, Tagore und Radhakrishnan. Die internationale Perspektive ihres Denkens kann auch an ihrer Beziehung zum „Weltbund der Erneuerung der Erziehung" abgelesen werden. So sprach sie beispielsweise vor dem Völkerbund über Frieden und Erziehung. Ihre These lautete: Nur durch eine veränderte Erziehung kann die Menschheit zum Frieden gelangen. („Das Kind ist der Baumeister der Menschheit.") Dieses Thema hat sie bis zu ihrem Lebensende begleitet. Und sie arbeitete weiter am Ausbau ihrer Konzeption.

Obwohl Montessori häufig als apolitische Frau apostrophiert wird, kann das nicht durchweg gelten. Nach anfänglich freundlicher Aufnahme ihrer Pädagogik in den italienischen Schulen gab es Konflikte mit dem aufkommenden Faschismus, obwohl Mussolini Ehrenvorsitzender der italienischen Montessori-Gesellschaft war. Als er in ihren Schulen den Faschistengruß und Uniformen einführen wollte, verweigerte sie dies. Daraufhin wurden ihre Schulen 1934 geschlossen.

Zu Beginn der 30er Jahre arbeitete Montessori – nach einigen vorherigen Abhandlungen in kleineren Schriften – ihr Gesamtwerk zur Mathematik (*Psico Arithmética*) und zur

Geometrie (*Psico Geometria*) aus. Die Drucklegung erfolgte 1934 in ihrem Wohnort Barcelona. Ebenfalls in dieser Zeit entstand ein Entwurf zur Grammatik. Die Wirren des Spanischen Bürgerkrieges vertrieben Montessori aus Barcelona. Zuerst fand sie Zuflucht in London, danach in den Niederlanden. Nun leitete sie die Gründung der Internationalen Montessori-Gesellschaft (AMI) mit Sitz in Amsterdam ein (1936), die dort auch heute noch besteht. Die AMI leitet, berät und kontrolliert die nationalen Montessori-Aktivitäten.

In den 30er Jahren bis zum Ausbruch des Zweiten Weltkrieges war die „Erziehung für den Frieden" der Schwerpunkt ihrer Arbeit. So lautete auch das Motto des 1937 in Kopenhagen stattfindenden Internationalen Montessori-Kongresses.

Zu Beginn des Zweiten Weltkrieges befanden sich Mutter und Sohn auf Einladung der Theosophischen Gesellschaft in Indien. Durch das Militärbündnis zwischen Hitler und Mussolini gehörte die Italienerin Montessori im dem Commonwealth verpflichteten Indien zur Gruppe unerwünschter Ausländer. Nach einem kurzen Hausarrest konnte sie sich jedoch frei im Land bewegen, durfte aber nicht ausreisen. Schließlich erhielt sie die Erlaubnis, Ausbildungskurse in Indien, Kaschmir und Ceylon abzuhalten. Sie traf sich mit vielen international bekannten Persönlichkeiten der indischen Gesellschaft. Der enge Kontakt mit dem anderen Kulturkreis, einer anderen Weltanschauung und Religionszugehörigkeit hinterließ Spuren in ihrem Denken und Werk. Ihr Schwerpunktthema in dieser Zeit war das Säuglings- und Kleinkindalter. Später (1949) faßte sie ihre Forschungsergebnisse und Überlegungen dieser Zeit in ihrem wichtigsten Werk *Das kreative Kind* (*The Absorbent Mind*) zusammen.

1949 endgültig – mit Unterbrechung durch eine erneute Reise nach Indien – nach Europa zurückgekehrt, vertrat sie auf mehreren Vortragsreisen u.a. in Norwegen, Schweden, Italien und Österreich ihre Erziehungsphilosophie, ebenso auf dem Internationalen Montessori-Kongreß in London, der unter dem Thema „Erziehung ist Hilfe für die natürliche Entwicklung der Psyche des Kindes von der Geburt bis zur Universität" stattfand. Ihre Popularität war ungebrochen – trotz des langen Indienaufenthaltes. So wurde sie 1949 von England und Italien für den Friedensnobelpreis vorgeschlagen – erhielt ihn jedoch nicht. Aber schon dieser Vorschlag zeigt ihre internationale Bedeutung. So sagte J. T. Bodet bei der Eröffnung der Vollversammlung der UNESCO 1950 in Florenz bei der Begrüßung Maria Montessoris: „In unserer Mitte haben wir jemand, der zum Symbol unserer großen Hoffnung auf Erziehung und Weltfrieden geworden ist: Maria Montessori."[15]

Die Erziehung eines „neuen Menschen" für eine von Frieden und Würde des Einzelnen geprägte Welt ist für sie verwoben mit ihrer „Kosmischen Theorie". Diese war Thema ihrer Arbeiten in Indien und auch, nach ihrer Rückkehr, in Europa. Zahlreiche Ehrungen bezeugen das. Ungebrochen blieb ihr Anliegen, das weltweite Erziehungssystem so zu reformieren und zu prägen, daß sich eine ihrer „Kosmischen Erziehung" zugrunde liegende Humanität entfalten könne.

Noch am Tage ihres plötzlichen Todes erwartete Maria Montessori in Noordwijk aan Zee (Niederlande) einen Vertreter Ghanas, um die Umgestaltung des Erziehungssystems in seinem Land zu besprechen. Im Sessel sitzend und mit den Vorbereitungen für das Gespräch beschäftigt, starb sie, für alle völlig unerwartet, am 6. Mai 1952.

2. Werk, Schrifttum und Verbreitung

Maria Montessori ist international ausschließlich auf dem Gebiet der Pädagogik bekannt geworden. Für den hier gegebenen Zusammenhang sollen daher nur ihre der Pädagogik gewidmeten Schriften behandelt werden.

Maria Montessori erwies sich auf ihren zahlreichen internationalen Vortragsreisen und Ausbildungskursen als eine glänzende Rhetorikerin. Ihre Sprache war metaphernreich, ihr Vortrag durch viele Beispiele außerordentlich lebendig. Ihren Reden lagen meist keinerlei schriftliche Aufzeichnungen zugrunde. Einerseits schilderte sie ihre Erkenntnisse und die darauf gegründeten Folgerungen für die Praxis, andererseits waren ihre Vorträge leidenschaftliche Appelle zur *Entdeckung des Kindes* (Buchtitel).

Die öffentlichen Vorträge (u. a. auch Radiosendungen, z. B. 1935 in Barcelona) wurden von Teilnehmern mitgeschrieben, in andere Sprachen übersetzt, vereinzelt von Montessori redigiert und teilweise Jahre oder Jahrzehnte später veröffentlicht. So ist das Buch *Frieden und Erziehung* aus Vorträgen, die sie zu unterschiedlichen Zeiten und an verschiedenen Orten gehalten hat, zusammengestellt (Genf 1932, Brüssel und Amsterdam 1936, Kopenhagen 1937 und London 1939). Die Mitschriften des theoretischen Kursabschnittes von 1944/45 in Ahmedabad (Indien) bilden die Grundlage des Buches *Das kreative Kind – der absorbierende Geist*. Einige Passagen in verschiedenen Büchern und das gesamte Buch *Das kreative Kind* wurden erst nach mehrfachen Rückübersetzungen und der Autorisierung Montessoris veröffentlicht und erst Jahre später ins Deutsche übersetzt. Die große Zahl der in vielen Ländern verstreuten Texte bildet noch heute die Grundlage für neue Editionen, wobei eine Systematik nicht durchgängig zu erkennen ist. So finden sich vereinzelt Beiträge in Sammelschriften, die an anderer, früher veröffentlichter Stelle und in einem anderen Zusammenhang bereits vorliegen, um die Systematik eines Problemfeldes zu bündeln und zu vervollständigen. Die Editionsarbeit weiterer Schriften wird mit der Übersetzung ins Deutsche – und mit Erlaubnis der AMI – weitergeführt, denn noch längst sind nicht alle Skripten veröffentlicht. So konnte Schulz-Benesch sagen, daß die Bücher bzw. die gedruckten Äußerungen Montessoris mit ziemlicher Sicherheit nur ein kleiner Teil dessen sind, was an schriftlich festgehaltenen Aussagen Montessoris vorliegt.

Maria Montessoris Persönlichkeit, ihre italienische Sprachgewalt und ihre Überzeugungskraft weisen eine Diskrepanz zu ihren Schriften auf. Die Schriftsprache kann eben nur unbefriedigend die persönliche Wirkung wiedergeben. Montessori war keine besonders prägnante pädagogische Schriftstellerin; dennoch sind viele ihrer niedergeschriebenen Aussagen nach wie vor hochaktuell.

Ihre ersten drei Bücher *Il metodo ...* (1909; deutsch: *Selbsttätige Erziehung im frühen Kindesalter,* 1913), *L'autoeducazione ...* (1916; deutsch: *Montessori-Erziehung für Schulkinder,* 1926 – später *Schule des Kindes,* 1976) und *Mein Handbuch* (deutsch 1922) schildern theoretisch und praktisch die Erlebnisse und Beobachtungen im Kinderhaus und in der Grundschule mit den Voraussetzungen, den Bedingungen, dem Material und den pädagogischen Konsequenzen. Die Schwerpunkte liegen auf den Anleitungen für die Praxis. Die theoretische Fundierung folgt gleichsam nur beiläufig.

Bis etwa 1920 entstanden auch Montessoris religionspädagogische Schriften. Auch bei ihnen hat die Einbeziehung der Praxis Vorrang. Diese Werke schrieb sie – unter Mitarbeit von Anhängern – in italienischer Sprache nieder. Die Schriften verstehen sich als Anweisungen für die Praxis, von den Rezipienten wurden sie hingegen ausschließlich als Theoriebeiträge mißdeutet. Das geschieht teilweise auch heute noch. Besonders in Deutschland entzündete sich die Kritik an Montessoris Pädagogik fast nur anhand ihres ersten Buches *Selbsttätige Erziehung ...* Die der Praxis zugehörigen Schlußfolgerungen unterblieben, da die eigentliche Montessori-Praxis erst relativ spät und regional begrenzt einsetzte (Berlin und Jena vor dem Zweiten Weltkrieg). Die eingeschränkte Quellenlage führte in Deutschland zu zahlreichen Mißverständnissen und daraus resultierenden Kritikpunkten. Die praktische Arbeit in Montessori-Einrichtungen und auch die Weiterentwicklung bestimmter Themenbereiche (z. B. Kosmische Erziehung) kennt kaum ein Kritiker aus eigener Beobachtung und Erfahrung. Dieser verengte Blickwinkel ist aber nicht neu. Montessoris Schriften provozieren geradezu diese Vorurteile, und das war bereits seit dem Erscheinen ihres ersten Buches in Deutschland so.

Worin liegen nun die Mißverständnisse und Kritikpunkte?

Während Montessoris Pädagogik international bereits vor dem Zweiten Weltkrieg weite Verbreitung fand, hielt die Montessori-Praxis in Deutschland erst nach 1946 langsam Einzug in die Erziehungsstätten. Zwar sind bereits in den 20er und zu Beginn der 30er Jahre Versuche unternommen worden, in vorschulischen Einrichtungen und in den Schulen nach dieser Pädagogik zu arbeiten. Eine weite Verbreitung gab es jedoch nicht. Dieser Mangel an praktizierter Montessori-Pädagogik kommt den Kritikermeinungen zugute, zumal die Montessori-Pädagogik von der Praxis lebt.

Die allgemein akademisch anerkannte Lehrmeinung geht davon aus, daß zunächst das theoretische Fundament geschaffen werden muß, erst dann kann die Praxis folgen. Montessori ging jedoch in der Regel den entgegengesetzten Weg. Aus den Beobachtungen von Kindern, ihren Reaktionen und Verhaltensweisen zog sie Konsequenzen für die Praxis. Die Theorie entwickelte sie erst nach diesen Erlebnissen und Erfahrungen. Ihre Vorgehensweise entsprach nicht der akademischen Norm, und eben dies hat die Kritik provoziert.

Hinzu kam die Flut von Artikeln, die zum Teil einen unfruchtbaren Dogmenstreit auslöste und seit dem Erscheinen von Montessoris erstem Buch mit nationalistischen – ja sogar rassistischen – Äußerungen versehen war. Der Titel eines Artikels lautet beispielsweise „Gegen die Ausländerei in der Pädagogik", gemeint ist die Montessori-Pädagogik. Er erfaßt sehr genau die fatale Tendenz der Kritikermeinungen. Vehement wird die Rückkehr zu Fröbels Lehrmeinung und zu der anderer deutscher Pädagogen gefordert.[1] Bis zum Machtantritt der Nationalsozialisten mangelte es an offizieller Primärliteratur. Die KursteilnehmerInnen brachten zwar Skripten mit nach Hause in ihre Heimat(länder), diese waren aber der Öffentlichkeit nicht zugänglich.

Das erklärte Erziehungsziel der Nationalsozialisten widersprach dem von Montessori angestrebten vollständig. Von 1936–45 wurden alle deutschen Montessori-Einrichtungen geschlossen. Auch der Druck von Primär- und Sekundärliteratur kam nicht zustande. Die gesamte Montessori-Pädagogik wurde gleichsam ausgemerzt.

Nach dem Zweiten Weltkrieg gab es zuerst zaghafte Anfänge, die Montessori-Pädagogik in das deutsche – von den Alliierten kontrollierte – Schulsystem zu integrieren, dafür setzten sich vor allem Helene Helming in Nordrhein-Westfalen und Irene Dietrich in Berlin ein. Ein weiterer Schwerpunkt lag in Frankfurt/Main. An diesen Orten hatten „alte" MontessorianerInnen die Erziehungsvorstellungen über die Nazizeit hinaus bewahrt. Ihren Initiativen ist der relativ rasche Neubeginn zu verdanken. Nachdem auch der Mangel an Primärliteratur in den 60er Jahren beseitigt wurde, fand diese Pädagogik zunehmend Eingang auch in deutsche Erziehungsstätten, doch nur in den alten Bundesländern. Die Montessori-Pädagogik entsprach in keiner Weise den staatlichen Erziehungszielen der DDR und wurde deshalb totgeschwiegen bzw. extrem verzerrt erwähnt (Eliteschulung).

Neben den erwähnten theoretischen Angriffspunkten auf Montessoris Erziehungstheorie machen es ihre Schriften dem unvoreingenommenen Leser nicht leicht, Zugang zu ihrem Erziehungsansatz zu finden. Es liegt kein Buch vor, das den Aufbau ihrer Theorie systematisch darlegt. Häufig fehlen die Kapitelüberschriften oder aber sie wirken in der Formulierung und Reihenfolge relativ beliebig. Selten verfügen die Bücher über ein Register. Auch die Auseinandersetzung mit der Montessori eigenen Begrifflichkeit macht Mühe.

Mit Rückgriff auf die kritischen Einwände gegen ihren pädagogischen Ansatz wird die Diskrepanz zwischen Montessoris theoretischen Forderungen und der Praxis deutlich (z. B. Gehorsam, Lob und Tadel, Arbeit und Spiel).[2]

Trotz dieser schwerwiegenden Vorwürfe erfreut sich die Montessori-Pädagogik nicht erst in den letzten Jahren zunehmender Verbreitung. Der Grund hierfür ist mehr in der überzeugenden und sich weiter entwickelnden Praxis als in der Theorie zu suchen.

So gibt es heute – fast fünfzig Jahre nach Maria Montessoris Tod – in mindestens 38 Ländern auf allen Kontinenten Erziehungseinrichtungen, die nach Montessoris Pädagogik arbeiten.[3] Führend in der Montessori-Arbeit sind die USA, die Niederlande und Ceylon. Wachsendes Interesse kann auch in Osteuropa verzeichnet werden. Totalitäre Staatsformen verschließen sich dieser Pädagogik, die allein auf demokratischem Selbstverständnis gründet.

3. Anthropologische Grundpositionen

Maria Montessoris Menschenbild

Die Darstellung des anthropologischen Ansatzes bei Montessori muß der Schwierigkeit begegnen, daß alle ihre diesbezüglichen Aussagen in ganz verschiedenen Schriften zu finden sind. Ihr Menschenbild ist ohne bestimmte Systematik ihrem Gesamtwerk inkorporiert und muß erst herausgearbeitet werden. Zwar hat sie 1910 eine Anthropologie herausgegeben, diese aber im Laufe ihrer langen pädagogischen Arbeit mit vielen zusätzlichen Gedanken angereichert und modifiziert. Ihre anthropologischen Aussagen finden sich auf unterschiedlichen Ebenen. So sind theologische, philosophische, biologische und kulturkritische Aspekte zu finden. Die anthropologischen Grundpositionen umfassen Aussagen zum Menschen als Geschöpf Gottes, als Lebewesen und als ein durch seine Intelligenz über die Pflanzen- und Tierwelt hinauswachsendes Wesen, das auf Sozialität hin ausgerichtet ist.[1]

Der Mensch in der Schöpfung

Maria Montessoris anthropologische Grundthese besagt: Der Mensch ist von Geburt an gut. Alle von dieser Norm – dem göttlichen Willen – abweichenden Verhaltensweisen sind von der Umwelt verursacht. Sie nennt diese Abweichungen *Deviation* (wörtlich: von dem Weg abweichend).

Der Mensch ist nach Montessori das Endglied in der Evolution, ein „zur Schöpfung Hinzugekommener". Er wurde mit Geist ausgestattet. Daraus leitet sich seine Verantwortung für „die kosmische Aufgabe" ab. Dieser durch die Schöpfung verliehene „wirkende" und „leitende" Geist wird durch die Intelligenz ergänzt. „Der wichtigste Teil des Menschen, seine Seele, ... ist ... direkt von Gott erschaffen." Sie ist der Repräsentant des göttlichen Lebens, an dem der Mensch partizipiert. Das menschliche Leben ist verletzlich und zerbrechlich.

Geist und Intelligenz sind jene Basis, die es dem Menschen erlaubt, „aus seinem inneren Selbst heraus handeln zu können, in der Welt zu handeln".[2] An anderen Stellen benutzt Montessori für den Begriff Seele oder Psyche auch den Terminus Zentrum. Beide Begriffe werden hier als identisch angesehen.

Ausgestattet mit Geist, Intelligenz und Psyche hat der Mensch im kosmischen Schöpfungsplan Aufgaben zu erfüllen. Alle Lebewesen sind Teil der Schöpfung. Jede Spezies hat ihre spezielle Aufgabe zu erfüllen, wobei eine wechselseitige Abhängigkeit besteht. Der Mensch nimmt Einfluß auf die Natur, schafft sich mit anderen eine menschliche Umwelt, gestaltet sie und bringt Kultur und Zivilisation hervor. Die Abhängigkeit des Menschen von seinen Mitmenschen und seiner natürlichen Umgebung, vom Klima und der anorganischen Umwelt weist auf den Vernetzungsgedanken hin, den später die Ökologiebewegung unter anderem Vorzeichen populär machen wird.

Der Mensch als Lebewesen

Montessoris Verständnis vom Lebewesen Mensch wurde häufig kritisiert. Diese Kritik gipfelt in dem Vorwurf eines biologistischen und reifungstheoretischen Ansatzes. Vor dem Hintergrund der Einordnung des Menschen in den Schöpfungsplan und seiner Apostrophierung als des „zur Schöpfung Hinzugekommenen" räumt Montessori dem Menschen eine Sonderstellung ein. „Die Tatsache, daß der Mensch nicht von festen und vorherbestimmten Leittrieben beherrscht wird, wie dies beim Tier der Fall ist, deutet auf das Vorhandensein einer gewissen Handlungsfreiheit, die erst langsam heranreifen kann."[3]

Die kindliche Entwicklung durchläuft nach ihrer Ansicht ein „doppeltes embryonales Leben"[4]: eine pränatale oder intrauterine und eine postnatale Phase. In der pränatalen werden die Organe ausgebildet, in der postnatalen erwirbt der Mensch seiner Spezies entsprechende Merkmale (u. a. den auf-

rechten Gang, die Sprache und kulturspezifische Verhaltensweisen, wie beispielsweise Eßgewohnheiten). Dafür besitzt „das
Kind von Geburt an aufbauende Potentialitäten ..., die sich
auf Kosten der Umwelt entfalten müssen". Diese „schöpferische menschliche Kraft"[5] ist der Antrieb oder Motor des Kindes, sich mit der Außenwelt in Beziehung zu setzen. Die Art,
mit der das Kind diese Aufgabe bewältigt, ist der „absorbierende Geist". Durch ihn nimmt es seine Umwelt ganzheitlich
auf, um sie zu verarbeiten, ohne daß damit äußerlich beob-
achtbare Sachverhalte oder Aktivitäten einhergehen (müssen).
Das Kind baut sich selbst auf. Diese Wachstumsgesetze sind
für die gesamte Menschheit gleich – unabhängig von Kultur
und Rasse. Jedes Kind trägt in sich von Geburt an einen individuellen „immanenten Bauplan". Dieser bezieht sich sowohl
auf die körperliche als auch auf die seelische Entwicklung.

Der Mensch als Person – Zentrum und Peripherie

Geist, Intelligenz und Psyche gehören zur Persönlichkeit des
Menschen. Durch sie und mit ihnen kann er seine Existenz
gestalten und sein Verhalten der Situation anpassen oder ge-
staltend in die Situation eingreifen. Montessori spricht in
diesem Zusammenhang auch von „Selbstverwirklichung" und
„Selbstregulierung", die jedoch Freiheit im Handeln beinhal-
ten. Voraussetzung dafür ist jedoch, daß das Kind von Anfang
an es selbst sein kann und darf.

Nimmt man die beiden Aussagen Montessoris zusammen:
- *Das Kind ist Baumeister seiner selbst gemäß dem inneren*
  Bauplan.
- *„Die Persönlichkeit ist eine, und sie ist unteilbar, und alle*
  geistigen Anlagen hängen von einem Zentrum ab."[6],

so wird ein Zusammenhang deutlich. Der (wohl genetisch)
angelegte Bauplan steht in enger Verbindung zum Zentrum.
Das Kind steht mit seinen äußeren Sinnen in ständigem Kontakt mit seiner Umwelt. Es nimmt durch Licht, Farbe, Geräu-
sche und Stimmen, Geruch und Geschmack und über die
Haut die Außenwelt in sich auf. Dies nennt Montessori die

Peripherie. Innerlich werden diese Eindrücke zu Gefühlen, Gedanken, Erinnerungen und Vorstellungen. Dieses innere Aufnahme-„Organ" nennt sie Zentrum. Man kann auch Mitte, Ego, Selbst, Kern oder Seele sagen. „Das Zentrum gehört dem Individuum allein."[7] Die daraus resultierende Konsequenz ist Montessoris Differenzierung zwischen Zentrum und Peripherie. Diese Beziehung von Innen und Außen, von Zentrum und Peripherie, zeigt sich in ihrer Art der Erziehung. Die traditionelle direkte Erziehung richtet sich auf das Zentrum und will es beeinflussen. Montessoris Erziehung geht allein von der Peripherie aus, wirkt also indirekt. „Die innere Aktivität ist das Meisterwerk der schöpferischen Natur, und wir können hier nicht direkt eingreifen. Aber weil der Verstand sich selbst mit Hilfe der fortlaufenden Aktivität durch einen zentralen Aspekt (der Geist) und einen peripheren Aspekt (die Sinne und die Bewegung) aufbaut, können wir ihm von außen in seiner Arbeit helfen. Die Peripherie dieser totalen Aktivität ist für uns zugänglich"[8] und ermöglicht, durch Anstrengungen auch Lernhindernisse zu überwinden. Denn „das Lernen ist einer wesentlichen Bedingung unterworfen, nämlich, daß der Lernende Kenntnisse erfahren *will*, so daß seine Aufmerksamkeit angibt, was ihn interessiert. Seine psychische Aktivität ist die unentbehrliche Voraussetzung für den Erfolg. Alles, was langweilt, entmutigt oder unterbricht, behindert das Lernen ... Das *Interesse*, das die spontane Aktivität steuert, ist der eigentliche psychologische Schlüssel."[9] Voraussetzung für die Entfaltung von Interesse ist die freie Wahl von Lerngegenständen. Die Interessenausrichtung ist in der kindlichen Persönlichkeit begründet. Das Kind durchläuft in seiner Entwicklung verschiedene Stadien mit ständig wechselnden Interessengebieten. „Es kommt vor, daß wir bei einem Kind von sechs Jahren mit einem bestimmten Etwas (= Lerngegenstand) kein Interesse wecken können, wohl aber bei einem Kind von vier Jahren. Obwohl das Angebotene und das Anbieten gleich sind, kann das erste Kind es wohl begreifen, aber indifferent bleiben. Es schenkt ihm keinerlei Aufmerksamkeit, während das letzte – das jüngere – Kind es begreift und schnell lernt ... Verstehen ist – wie gesagt – nicht ausreichend, um auch Interesse hervorzurufen."[10]

Montessori zieht aus dieser Erkenntnis den Schluß, daß das Kind innerhalb seiner individuellen Entwicklung Phasen durchläuft, in denen besondere Empfänglichkeiten für eine bestimmte Sache hervortreten. Sie nennt sie *sensible Phasen.*

Freiheit als Weg und Ziel der Erziehung

Montessoris kindorientierte Grundlegung der Erziehung umfaßt ein Konzept, das von der Geburt über die frühe Kindheit, das Grundschul- und Jugendalter bis zum jungen Erwachsenen reicht.

Das ausschlaggebende Kriterium für Montessoris pädagogische Zielsetzungen ist die absolute Hinwendung zum Kind als Subjekt. Das schließt zwangsläufig die Anerkennung des kindlichen Selbstwertes ein. Jedes Kind ist einmalig und unverwechselbar. Die Beachtung seiner Individualität und Würde sind Grundrechte, die es zu achten gilt. Sie dürfen weder eingeschränkt, noch können sie außer Kraft gesetzt werden. Der Selbstwert des Individuums kann aber nur geachtet werden, „wenn wir es mit der Freiheit ernst meinen, denn: Freiheit als Prozeß ist rückgekoppelt an Möglichkeiten, sich selbst zu bestimmen, und zwar im Kontext von sozialen Situationen und im Aufbau von Bindung und Verantwortung".[11]

Montessoris Definition ihres Erziehungszieles, „Hilfe für die menschliche Person, ihre Unabhängigkeit zu erobern", wird häufig durch die griffigere Formulierung „Hilf mir, es selbst zu tun!" ersetzt. Diese Aussage bezieht sich auf die Entwicklung der Selbständigkeit in allen Altersstufen. Die wörtliche Übersetzung dieses Satzes aus dem Schwedischen fügt noch einen anderen Aspekt hinzu. Sie lautet: „Hilf mir, mich selbst zu finden."[12] An anderen Stellen spricht Montessori vom Ziel der Erziehung als „dem Leben zu helfen, die Persönlichkeit zu entwickeln" und damit die „Gesundheit der Psyche" zu bewirken. Als Resultat des Ziels der psychischen Hygiene entstehen in jedem normalen Kind soziale Haltun-

gen, freiwillige Disziplin, Gehorsam (sich selbst und eingeschränkt anderen gegenüber) und Willensstärke. Die Interdependenz der einzelnen Persönlichkeitsmerkmale wird in der
Formung des Charakters deutlich. Verwirklicht werden kann
dieser Ansatz nur, wenn die pädagogischen Hilfestellungen
zum richtigen Zeitpunkt der Entwicklung gegeben werden. Sie
in Übereinstimmung mit den kindlichen Lernbedürfnissen zu
bringen, ist ein pädagogischer Balanceakt, der dem Erwachsenen nur durch intensive Beobachtung des Kindes gelingt. Der
Erwachsene sollte sich dabei immer wieder die Frage stellen:
Was braucht das Kind, wo zeigt es mir seine Interessen?

Montessoris auf Freiheit angelegte Erziehung muß die
Aspekte dieses Begriffs im Rahmen der pädagogischen Arbeit
berücksichtigen. So kann die altersangemessene Freigabe von
Aktivitäten, Energien, Wünschen und Vorstellungen nur in
Verbindung mit entwicklungsabhängigen Interessen, Lernbe-
reitschaften und Fähigkeiten gesehen werden. „Das Kind ist
im Zeichen der Ohnmacht, in der es geboren wird, als soziales
Individuum von Bindungen umgeben, die seine Aktivität ein-
schränken. Eine auf Freiheit gegründete Erziehungsmethode
muß darauf abgestellt sein, dem Kind zu helfen, eben diese
Freiheit zu erobern, und muß die Loslösung des Kindes von
den Bindungen bezwecken, ... [um das Kind] zur Unabhängigkeit zu führen."[13] Im pädagogischen Feld führt die Freigabe der kindlichen Selbsttätigkeit („'lleine machen." „Ich
kann das schon!") zur Selbständigkeit und schließlich mit
zunehmendem Alter zur Unabhängigkeit und einer Freiheit,
die jedoch auf Sach-, Selbst-, Sozial- und Werteverantwortung
gründen muß. Die Ausbildung sozialer Verhaltensweisen und
die verantwortliche Einbindung des Menschen in den Kosmos sind zugleich eng mit Montessoris Erziehungsziel ver-
knüpft, nur dann ist Freiheit als Erziehungsmaxime gerecht-
fertigt.

Grundpositionen der Montessori-Pädagogik

Montessori weist – wie andere (Reform-)Pädagogen – der Kindheit eine eigene Bedeutung für die Entwicklung des Menschen zu.[1] Sie beschreibt ihre Auffassung, das Kind sei „Lehr- und Baumeister seiner selbst" und von Anfang an mit inneren Aktivitäten ausgestattet, in ihrem Buch *Kinder sind anders*. Und in dem Buch *Das kreative Kind* kommt ihr Ansatz noch deutlicher zum Ausdruck. Bevor das Kind seine Aktivitäten der Außenwelt durch Selbsttätigkeit zeigen kann, bedarf es eines inneren Aufbaus. Montessoris Vorstellung nach ist das Kind von Natur aus ein aktives, neugieriges und die Umwelt erforschendes Wesen, das seine Lernprozesse selbständig steuert – wenn man es nur läßt. Die „Bauplantheorie" nimmt individuell unterschiedliche, endogen bestimmte Entwicklungsmöglichkeiten an, die sich der Mitwelt durch Interessenbildung und Lernbedürfnisse des Kindes zeigen. Hinzu kommen noch drei Faktoren, die die kindliche Entwicklung stark beeinflussen. Es sind der *absorbierende Geist*, die *sensiblen Phasen* und die *Polarisation der Aufmerksamkeit*. Diese Schlüsselbegriffe gehören allein ins Begriffsfeld der Montessori-Pädagogik. Die damit gemeinten geistigen und seelischen Strukturen und Befindlichkeiten des Kindes wurden und werden aber auch von anderen angenommen und erforscht.[2]

Der absorbierende Geist

Kinder sind anders als Erwachsene und lernen auch anders. In gewissen Beziehungen sind sie sich aber auch ähnlich. Beide richten ihre Aktivitäten an inneren und äußeren Bedürfnissen und an der jeweiligen Interessenlage aus. Hier sei an das auch von Jean Piaget zitierte Beispiel von Frosch und Kaulquappe erinnert. Beide brauchen, um ihre Lebensfunktionen aufrecht zu erhalten, Sauerstoff. Der Frosch benutzt dafür die Lungenatmung, die Kaulquappe ihre Kiemen. Das Kaulquappenstadium ist vorübergehend und unterliegt dabei noch zeitlichen und physiologischen Veränderungen. Das Froschstadium ist längerfristig und als „Endprodukt" anzusehen.

Nach Montessori ist das Kind von Geburt an mit einer einzigartigen Fähigkeit ausgestattet: der Anpassung. Es nimmt über Sinneseindrücke seine Umwelt auf. Der Kontakt zur Umwelt ist in den ersten beiden Lebensjahren so eng, daß Kind und Umwelt eins sind. So wie das Saugen zum Stillen des Hungers für das Überleben wichtig ist, saugt die Psyche die Umwelteindrücke auf, und zwar total und ganzheitlich. Montessori spricht in diesem Zusammenhang von einer „privilegierten Geistesform"[3] des Kindes, um den Kontrast zum Erwachsenen zu verdeutlichen. Bei diesem Aneignungsprozeß handelt es sich um eine qualitativ grundlegend andere, nicht willentlich beeinflußbare Lernart des Kleinkindes, die vorrangig von der Geburt bis zum dritten Lebensjahr von Bedeutung ist. Sie verliert sich mit zunehmender Entwicklung des Gedächtnisses und des Bewußtseins. Der Erwachsene dagegen lernt größtenteils bewußt, unter Zuhilfenahme seiner Intelligenz, seines ausgeprägten Gedächtnisses, seiner Erfahrung und oft noch durch gezielte methodische Anleitung. Dagegen steht dem Kind ein schöpferisches Kräftepotential zur Verfügung, mit dem es alle Eindrücke intuitiv erfassen kann. Und zwar nimmt es alles total und ganzheitlich auf. Alles, was es umgibt, prägt es sich ein: Bilder, Farben, Formen, Laute, Lebensformen, Nuancen der Atmosphäre, die ganze Art der Beziehungen seiner gegenständlichen und sozialen Mitwelt. Diese „Geistesform" nennt sie den *absorbierenden Geist.*[4]

Montessori vergleicht die Arbeitsweise des absorbierenden Geistes mit der eines Fotoapparates. Anders als ein Maler, der schon beim Malvorgang Wichtiges von Unwichtigem unterscheidet, Kleinigkeiten wegläßt oder hinzufügt, nimmt das Foto den gesamten Umweltausschnitt auf. Und ebenso wie der Film im Entwicklungsbad ruht, so werden die Eindrücke im kindlichen Unterbewußtsein verankert und fixiert, verinnerlicht und auch schon sortiert, um bestimmte Sensibilitäten zu entwickeln und aufzubauen.

An anderen Stellen vergleicht Montessori die Arbeitsweise des absorbierenden Geistes mit einem Schwamm, der die Flüssigkeit (die Mitwelt) aufsaugt, ohne sie zu verändern. Das Kind lebt und entwickelt sich gleichsam auf Kosten der Umwelt. Der absorbierende Geist hilft der Psyche, die inneren Bedürfnisse zu stillen und sich anzupassen. Dabei bedarf es keinerlei bewußter Willensanstrengung. Dieses Anpassungsvermögen ist eine im Gegensatz zum festgelegten tierischen Verhalten spezifisch menschliche Eigenschaft, die den Aufbau freier Verhaltensweisen anstelle ererbter Verhaltensmuster gewährleistet. Um das Kind in diesem frühen und prägenden Aneignungsprozeß wirkungsvoll zu unterstützen, stellen sich dem Erwachsenen bestimmte Aufgaben. Als Bedingung nennt Montessori die Befriedigung der menschlichen Grundbedürfnisse nach Nahrung, Zuwendung und Geborgenheit. Sie verwendet hierfür den Begriff „Milch und Liebe".[5]

Es genügt also nicht, allein eine anregungsreiche kindgemäße Umgebung zu schaffen, um die unbewußte und so nachhaltig prägende Wirkung auf die Ausbildung der kindlichen Gehirnstrukturen zu gewährleisten. Zusätzlich braucht das Kind als Basis für seine Entwicklung „Urvertrauen".

Die sensiblen Phasen in der kindlichen Entwicklung

In der Literatur wird von sensiblen, sensitiven Phasen oder Entwicklungsperioden gesprochen. Gemeint ist in der Regel eine spezielle Empfänglichkeit, die im Entwicklungsprozeß periodisch auftritt. Sie hängt von Umweltreizen ab, auf die ein Lebewesen spontan reagiert. Diese überlagern sich häufig, klingen ab und sind bald nicht mehr prägend.

Der Begriff „sensitive Periode" stammt von dem holländischen Biologen Hugo de Vries. Er zeigte sich erstaunt, als Montessori ihm eine Beobachtung mitteilte, die sie an Kindern immer wieder gemacht hatte – welchem Kulturkreis sie auch angehörten: Die kindliche Entwicklung vollzieht sich in deutlich wahrnehmbaren Phasen. Bestimmte Entwicklungsschritte ereignen sich wie nach einem festen Programm. Kann das Kind diese besondere Empfänglichkeit, z. B. durch widrige Umweltbedingungen ausgelöst, nicht ausleben, so gelingt es ihm – je nach Zeitdauer des Versäumnisses – später nur mit ungleich höherer Kraftanstrengung oder in selten Fällen gar nicht mehr.[6]

Hugo de Vries sah in Montessoris Beobachtung eine deutliche Parallele zu seinen eigenen, die sich auf Entwicklungsvorgänge bei Insekten bezogen. So hatte er folgende Beobachtung an einer Schmetterlingsart gemacht: Der Schmetterling legt seine Eier in die Rinde von Astgabeln. Die ausschlüpfenden winzigen Raupen sind mit sehr schwachen Freßwerkzeugen ausgestattet. Sie können nur äußerst junge und zarte Blättchen knabbern. Diese wachsen aber nicht dort, wo die kleinen Räupchen geschlüpft sind, sondern nur an den Spitzen der Äste. De Vries bewies nun, daß die jungen Raupen mit einer Sensitivität für Licht ausgestattet sind, die ihnen unweigerlich den Weg zu den äußersten Zweigspitzen weist, wo die zartesten Blättchen wachsen. Werden die Raupen größer und kräftiger, so verliert sich diese besondere Sensitivität für Licht.

Hugo de Vries regte Montessori dazu an, das von ihr beobachtete Phänomen in der kindlichen Entwicklung „sensitive Phasen" zu nennen. Im Vorwort zu ihrem Buch *Geometria* nimmt sie eine Einschränkung vor. Dort schreibt sie: „Mit dem Wort *sensitiv* meinen wir alles, was Bezug hat zu den *äußeren Sinnesorganen.* Damit unterscheiden wir es von dem Wort *sensibel.* Diesen Terminus reservieren wir für den inneren Zustand, in bezug auf die allmähliche Entfaltung des Lebens und vor allem der Persönlichkeit, dem *Zentrum.*" Bei den Lernprozessen, die durch eine sensible Phase ausgelöst werden, ist die innere Aktivität das ausschlaggebende Moment. Es ist nicht allein bloße Neugier, die die Lernaktivitäten und die Aufmerksamkeit des Kindes steuern, sondern ein mit starker Emotion verbundenes leidenschaftliches Interesse an einer bestimmten Seite der Umwelt. Auf dem Höhepunkt der „sensiblen Phase muß der Erwachsene, der das Kind von seinen Erkundungen abbringen will, gleichsam gegen die Neigungen des Kindes ankämpfen. Hat das Kind diese Phase durchlebt, ist es für seinen Entwicklungsprozeß gerüstet, die Tätigkeit wird bedeutungslos, ist jedoch latent noch vorhanden."[7]

Das Kind durchläuft in seiner geistigen Entwicklung verschiedene Phasen großer Empfindsamkeiten, die dann wieder vergehen, um durch andere ersetzt zu werden. Die Interessengebiete können häufig wechseln. Das Kind zieht aus ihnen einen Lerngewinn. Es hat ihn „inkarniert", in seine Persönlichkeit aufgenommen.

Montessori gibt für die unterschiedlichen Altersstufen bestimmte sensible Phasen an. In einer Übersicht soll dies verdeutlicht werden:

SENSIBLE PHASEN
beim *Kleinkind* für
- das unbewußte Aufnehmen (Absorbieren) von Sinneseindrücken
- das Sprechenlernen
- das Laufenlernen
- Ordnung (nicht zu verwechseln mit Ordentlichkeit)

beim *Kindergartenkind* für
- erstes begriffliches Kategorisieren
- Feinmotorik
- Sprachdifferenzierung
- soziale Sympathiebeziehungen

beim *Schulkind* für
- moralische Wertungen
- kooperative Sozialbeziehungen (z.B. Cliquenbildung)
- Naturerscheinungen geografischer, biologischer und physikalischer Art

im *Pubertäts- und Jugendalter* für
- soziale und gesellschaftliche Prozesse
- Gerechtigkeit und Menschenwürde
- wissenschaftliche Erkenntnisse und Zusammenhänge und politische Verantwortung

An zwei Beispielen sollen die sensiblen Phasen veranschaulicht werden: der Sprachentwicklung und der Ordnung.

Eine der frühesten sensiblen Phasen ist die des *Spracherwerbs*. Ohne Einschaltung des Verstandes, ohne „Unterricht" und besondere Anstrengung beginnt das Kind, seine Lippen, die es zuvor nur zum Saugen und Schreien benutzte, zu Lauten zu formen, wie es dies bei den sprechenden Menschen seiner Umgebung beobachten kann, bis es etwa mit sechs Monaten die ersten Laute und Silben artikuliert, die es mit unendlicher Geduld übt. Hierbei wird die Zielgerichtetheit der sensiblen Phasen besonders deutlich: „Das Kind filtert aus all dem, was es in seiner Umgebung hört, aus dem Chaos von Geräuschen, Tönen und Worten, die Laute der menschlichen Sprache heraus; nur diese ahmt es nach, aus diesen Elementen baut es ordnend seine Sprache auf."[8] Das Kind lernt die Artikulation seiner Umgebung, es lernt also die Hochsprache oder den Dialekt seines Kulturkreises. Nie wieder in seinem Leben lernt der Mensch so rasch und akzentfrei eine Sprache, obwohl ihm später Grammatikkenntnisse, Verstand und Wille zur Verfügung stehen. Montessori spricht davon, daß die Worte der menschlichen Sprache „wie von einem geheimen Magneten angezogen" in das Kind eindringen. Diese Lernform wird von ihr als absorbierender Geist bezeichnet.

Die sensible Phase für Sprache ist die mit der längsten Zeitspanne. Nach Montessori reicht sie bis zum Ende des vierten Lebensjahres und beinhaltet auch die „Explosion des Lesens und Schreibens". In einer anregungsreichen Umgebung beginnen alle Kinder – auch ohne Montessoris didaktisch strukturierte Materialien –, Bilderbücher „vorzulesen" und Kritzeleien zu produzieren. Sie aber nutzt diese kindliche Lernbereitschaft aus und bietet dem Kind entsprechendes Material an, mit dem es seine Motorik und seine geistigen Fähigkeiten üben kann und lesen und schreiben lernt.

Die sensitive Phase für *Ordnung* beginnt etwa mit dem zweiten Lebensjahr. Ganz besonders deutlich tritt sie im dritten Lebensjahr hervor. Das Kind entwickelt ein fast leidenschaftliches Interesse für Ordnung, wobei sich dieser Begriff auf Raum und Zeit bezieht. Um das „Chaos" Leben in den Griff zu bekommen, legt es besonderen Wert darauf, daß die Umwelt gleich bleibt. Alle Dinge haben einen bestimmten Platz, jeder Tag soll gleich ablaufen. Teilweise tyrannisch besteht es auf der Einhaltung von Ordnung und Ritualen. Mit Geschrei und Gezeter pocht es auf die Einhaltung des bisher Üblichen. Abweichungen werden moniert. Ein Beispiel soll dies verdeutlichen: Eine junge Mutter erhält den Besuch einer vom Regen durchnäßten Freundin. Um die Schuhe zu trocknen, gibt sie ihr die Pantoffeln ihres Mannes. Die kleine Tochter (2,2 Jahre) macht großes Geschrei und versucht, der Besucherin die Pantoffeln auszuziehen. Als die Frauen dies nicht weiter beachten, beißt die Kleine der Freundin in den Fuß. Auf die Frage, was das soll, sagt das Kind: „Papas Toffeln."

Der Erwachsene hat meistens nicht die geringste Ahnung, warum sich das Kind so maßlos aufregt und ein Verhalten an den Tag legt, das man als schlecht gelaunt oder ungezogen bezeichnet. Seine gerade im Aufbau befindliche Vorstellung, wie die Welt (= Umgebung) zu sein hat, ist gestört. Die Ordnung wird unter Protest eingefordert.

Für uns Erwachsene ist Ordnung (Ordnungsliebe) etwas anderes als für das Kind. Für uns hat sie – meistens – einen ästhetischen Aspekt, und sie ist hilfreich. Für das Kind aber ist sie ein wesentlicher Bestandteil bei seiner Persönlichkeitsentwicklung. Durch die äußere Ordnung gelangt das Kind zu einer festen Basis, auf der es seine Erfahrungen aufbaut. Sie ist der Boden, auf dem es steht. Wird die stabile, im Gedächtnis gespeicherte Ordnung gestört, wird ihm der Boden unter den Füßen weggezogen.

Die äußere Ordnung trägt nach Montessori zur inneren Ordnung bei. Letztere beginnt mit dem Systematisieren und Kategorisieren (Bilden geistiger Schubladen) sowie mit dem Bilden von Oberbegriffen. Und sie reicht bis zur stabilen personalen Beziehung, die die Grundlage für Geborgenheit liefert. Die Welt ist also in Ordnung.

Als Montessori 1907 ihr erstes Kinderhaus in Rom eröffnete, ging sie von der – auch heute noch – weit verbreiteten Annahme der Unstetigkeit der kindlichen Aufmerksamkeit aus. Gleich zu Beginn ihrer Arbeit dort beobachtete sie die bereits geschilderte Szene des kleinen Mädchens mit dem Holzeinsatzzylinderblock, jener Übung aus dem Bereich der Sinneserziehung (S. 23 f.).

Nicht die Tätigkeit an sich war das Bemerkenswerte, sondern die Intensität der Konzentration. Dieses Erlebnis ist, wie gesagt, für Montessori zum Ausgangspunkt für ihre weitere pädagogische Arbeit geworden. Ihre auf Diagnostik ausgerichtete medizinische Ausbildung half ihr dabei. Die Fragestellung nach den *Bedingungen* für das Zustandekommen der Konzentration, für die Wirkungen auf die Psyche und für den Entwicklungsprozeß des Kindes standen von nun an für Montessori im Vordergrund. Ihr Ziel war es, die Wiederholbarkeit der Konzentration – ihre Eigentümlichkeit – zu erforschen, um sie für die pädagogische Praxis fruchtbar zu machen. Montessori gab dieser sich selbst und die Umgebung vergessenen Form der Konzentration den Namen Polarisation der Aufmerksamkeit.

Das Wesentliche daran ist die innere Beteiligung.[9] Die Psyche, das Zentrum, reagiert und wird von der Sache gefesselt. Das Kind wird eins mit der Sache und kommt über das Be-greifen zum Begreifen. Montessori drückte es so aus: „Wenn man sagt: ‚Es geht mir ein Licht auf‘, meint man damit einen schöpferischen Vorgang, nicht die Ermüdung durch gewaltsame Eindrücke von außen. Dieses Sichauftun des Geistes ist das *aktive Verstehen*, das von starken Gemütsbewegungen begleitet ist und das man daher wie ein inneres Erlebnis verspürt.“[10]

Das aktive Verstehen einer Gesetzmäßigkeit und die aus ihr resultierende Polarisation der Aufmerksamkeit ist an zwei Voraussetzungen geknüpft.

Die eine Voraussetzung ist die Auswahl der Gegenstände für eine „interessante, frei gewählte Arbeit, die die Kraft hat zu konzentrieren ... und die Selbstbeherrschung erhöht ... Es genügen nicht Gegenstände irgendwelcher Art, sondern es muß eine Umgebung von progressiven Interessen gestaltet werden."[11]

Die andere „Voraussetzung für konzentriertes, erfolgreiches Arbeiten ... [ist] eine Art Gehorsam: Sich einlassen auf die Gesetzmäßigkeit der Sache: ich beherrsche sie, weil ich mit den Gesetzmäßigkeiten umgehen kann. Dieses Verhältnis von Gehorsam und Beherrschung führt zur ... Disziplin und Freiheit des Menschen."[12]

Das Phänomen der Polarisation der Aufmerksamkeit beginnt mit einer Vorbereitungsphase. Das Kind ist auf der Suche nach einer Sache, die sein Interesse fesselt. Es läuft hin und her, stellt sich sein Material zusammen und bereitet sich innerlich auf die „große Arbeit" vor. Bei der eigentlichen Versenkung in die Arbeit läßt es sich nicht stören, wehrt sogar Ablenkungen ab. Es vertieft sich völlig in die Tätigkeit. Die Außenwelt wird ausgeblendet. Die zeitliche Dauer dieser intensiven Konzentration ist dabei von Kind zu Kind verschieden und von der Altersstufe abhängig. Wann und wie die große Arbeit beendet wird, entscheidet das Kind. Innerlich wirkt die Tätigkeit noch nach. Deshalb vergeht eine gewisse Zeit, ehe sich das Kind einer anderen Tätigkeit zuwendet.

Maria Montessori beobachtete bei ihren zahlreichen Reisen in sehr unterschiedliche Kulturkreise immer wieder das Phänomen und den Verlauf der Polarisation. Bis zu ihrem Lebensende war sie auf der Suche nach geeigneten Interessenanreizen zur effektiven Förderung der kindlichen Entwicklung. Als Antwort, die sie aus ihren Studien zur Polarisation der Aufmerksamkeit ableitete, entwickelte sie ihr auf die sensiblen Phasen hin abgestimmtes didaktisches Material, auch Montessori-Material genannt. Unermüdlich wies sie auf die Bedingungen hin, die unerläßlich sind, um das Zustandekommen tiefer Konzentration zu erreichen: Ohne *Freiheit der Wahl* des Lerngegenstandes in einer den *sensiblen Phasen* angepaßten, *vorbereiteten Umgebung* und einem veränderten, non-dirigistischen *Verhalten des Erwachsenen* kann sich die Polarisation der Aufmerksamkeit nicht einstellen.

Das gerade zu Ende gegangene Jahrhundert wurde als das „Jahrhundert des Kindes" bezeichnet. Diese Benennung geht auf Maria Montessori zurück, die Ende der 30er Jahre den Buchtitel von Ellen Keys 1900 erschienenem Buch übernahm und das Jahrhundert so benannte. Die prophetische Schrift der Schwedin Ellen Key gab der noch jungen Erziehungswissenschaft im ersten Drittel des Jahrhunderts sowohl in Europa als auch in den USA starke Impulse und verhalf der Reformpädagogik zum Durchbruch. Hier sei an Dewey, Claparède, Decroly, Ferrière, Steiner und deutsche Reformer wie Kerschensteiner, Otto, Karsen und Gaudig erinnert. Das Hauptmotiv der Pädagogik zu Beginn des Jahrhunderts war die Abkehr von der Buchschule. Im Gegensatz dazu wurden die „Erziehung zur Selbsttätigkeit", Erziehung „vom Kinde aus", Anerkennung der Eigenständigkeit des Lebensabschnittes Kindheit und der Rechtsstatus des Kindes proklamiert. Die Zusammenfassung dieser Grundpositionen mündet in den reformpädagogischen Strömungen mit ihrer anderen Sichtweise vom Kind. Sie beeinflussen auch heute noch ganz allgemein den Umgang der Gesellschaft mit Kindern und sind bei weitem noch nicht eingelöst, obwohl viele verheißungsvolle Schritte in diese Richtung getan wurden.

Viele Jahrzehnte analysierte Montessori pädagogische Mißstände, die Erwachsene durch Gefühllosigkeit, Verblendung und einen tief verwurzelten Mangel an pädagogischem Vertrauen sich hatten zu schulden kommen lassen. Durch Montessoris schonungslose Offenlegung wollte sie den Erwachsenen wachrütteln und zum Nachdenken bringen. Unermüdlich hielt sie ihm den Spiegel vor und klagte ihn des Hochmuts an. (Motto: Ich weiß besser, was für dich gut ist.) Sie warf dem Erwachsenen vor, daß er gegen besseres Wissen sich dem Kind gegenüber so verhalte, wie es bereits Jahrhunderte vorher üblich gewesen war: Das Kind ist nichts, bevor es nicht erwachsen ist. Das sei ein menschenunwürdiges Vorurteil. Bei ihrer Anklage ging sie hart mit dem Erwachsenen ins Gericht:

Der Erwachsene wolle das Szenario für das Kind selbst schreiben, indem er die Persönlichkeit des Kindes nicht als etwas ansehe, das vom Kinde selbst in eigener Regie entwickelt werde. Er setze vielmehr auf die Übernahme seiner eigenen Wunschvorstellungen.

Mit vielen Beispielen belegt sie den sich aus diesem Konfliktpotential resultierenden Machtkampf zwischen ungleichen Partnern. Obwohl sich in der alltäglichen Erziehungspraxis viel in Richtung von Montessoris Forderungen und der der Reformpädagogen an eine neue Erziehung und einen geläuterten Erwachsenen geändert hat, beharrt der Erwachsene auch heute noch – besonders in pädagogischen Krisensituationen – auf seiner Machtstellung. Er will, daß das Kind seinen Interessen und Normen folgt. Das Kind hat sich seinem Willen zu unterwerfen. In ihrem besonders pointierten Sprachduktus veranschaulicht Montessori diese Erziehungsfehler:

„Der Erwachsene ist in seinem Verhältnis zum Kind egozentrisch – nicht egoistisch, aber egozentrisch. Alles, was die Seele des Kindes angeht, beurteilt er nach seinen eigenen Maßstäben, und dies muß zu einem immer größeren Unverständnis führen. Von diesem Blickpunkt aus erscheint ihm das Kind als ein leeres Wesen, das der Erwachsene mit etwas anzufüllen berufen ist, als ein *träges und unfähiges* Wesen, dem er jegliche Verrichtung abnehmen muß, als ein Wesen *ohne innere Führung*, das der Führung durch den Erwachsenen bedarf. Schließlich fühlt sich der Erwachsene als Schöpfer des Kindes und beurteilt Gut und Böse der Handlungen des Kindes nach dessen Beziehungen zu ihm selbst. So wird der Erwachsene zum Maßstab von Gut und Böse. Er ist unfehlbar, nach seinem Vorbild hat sich das Kind zu richten, und alles im Kinde, was vom Charakter des Erwachsenen abweicht, gilt als ein Fehler, den der Erwachsene eilends zu korrigieren sucht.

Mit einem solchen Verhalten glaubt der Erwachsene um das Wohl des Kindes eifrig, voll Liebe und Opferbereitschaft besorgt zu sein. In Wirklichkeit aber löscht er damit die Persönlichkeit des Kindes aus."[13]

Das hier geschilderte Helfersyndrom zu unterdrücken, fällt vielen Erwachsenen schwer. Die Hilfe wird vom Kinde jedoch meistens gar nicht gewünscht. Wenn es Hilfe braucht, wird es das sagen. Vielmehr will es seine Tätigkeit in Selbsterfahrung und Eigenleistung ausführen, auch wenn Fehler vielleicht in Sackgassen führen. Erst dadurch kann es Selbstbewußtsein und Freude am Geleisteten gewinnen.

Auf diesen Grundpositionen beruht die Konzeption der indirekten Erziehung Montessoris. Für sie hat die Pädagogik schwerpunktmäßig Forderungen an den Erwachsenen zu stellen – und weniger an das Kind.

4. Methodische Grundpositionen

Die veränderte Rolle des Erwachsenen:
Eltern, Erzieher, Lehrer

Nimmt der Erwachsene Montessoris anthropologische Grundpositionen ernst und identifiziert er sich mit ihrem Menschenbild, so muß er zwangsläufig ein verändertes Rollenverständ-
nis seiner eigenen Funktion aufbauen. Er ist nicht mehr die
unumstößliche Autorität, sondern Montessoris Erziehungskonzept verlangt ein korrigiertes und um mehrere Aspekte
erweitertes Verhaltensrepertoire. „Der Lehrer [Erzieher; d. A.]
darf nicht glauben, daß er sich durch Studieren am Schreib-
tisch ... vorbereiten und so die hierzu nötige Bildung erwer-
ben kann. Vor allem anderen muß er selbst seine innere moralische Haltung festigen. Die Hauptfrage ist die, wie man das
Kind betrachtet."[1] Um diesen Wandel zu erreichen, bedarf es
einer Selbstreflexion, die sich nicht nur eigene Fehler und
Charaktereigenschaften verdeutlicht, sondern dazu führen
muß, sich über den Anpassungszwang an die tradierte Erzie-
herrolle klar zu werden. Sie hat den Erzieher geprägt und
führt zu Irritationen, denn er verfällt immer wieder den alten
Machtverhältnissen, die dem Aufbau des kindlichen Selbst-
wertgefühls und seiner Würde im Wege stehen. Die Kritik des
tradierten Rollenverständnisses fordert mit dem inneren Wandel eine „neue Figur des Lehrers/Erziehers".

Montessori wählt zur Verdeutlichung ihrer Auffassung von
der Rolle des Erwachsenen ein zwar nicht mehr zeitgemäßes,
aber immer noch stimmiges Beispiel. Sie vergleicht den Erwachsenen mit einem Diener, das Kind mit dem Herrn. Der
„Diener" bietet dem „Herrn" einen Lernstoff (eine Speise) an,
die Auswahl und die Reihenfolge bestimmt das Kind selbst.
Lernen (= essen) muß es allein, denn unsere Aufgabe ist es,
„dem Kind dazu zu verhelfen, von sich aus zu handeln, zu
wollen und zu denken".[2] Das ist ein schwieriger Balanceakt
zwischen Macht und Zuspruch für den Erwachsenen. Denn

von ihm wird eine Rücknahme seiner Aktivitäten – seiner Macht – zugunsten des Aufbaus der kindlichen Persönlichkeit verlangt. Hierfür benutzt Montessori wiederum einen Begriff, dessen Inhalt nicht mehr zeitgemäß ist: Sie verlangt vom Erwachsenen Demut gegenüber dem Kind. Der in der Tugendlehre der Katholischen Theologie benutzte Terminus ruft heute irritierende Assoziationen (u. a. Gehorsam, Unterwürfigkeit) hervor. Der – ebenfalls theologische – Begriff der Ergebung käme ihm am nächsten. Er erschiene dann als Gegenbegriff zum Hochmut und meint damit den Verzicht auf Selbstsucht und Durchsetzung eigener Interessen und Gefühle. Der Sachverhalt ließe sich heute mit dem Begriff Engagement umschreiben. Damit wird der unermüdliche Einsatz für eine Person oder Sache deutlich. In diesem Sinne kann Montessoris Terminus der Demut interpretiert werden. Selbstverständlich muß Achtung vor der Würde des Kindes dazukommen.

Völlig unabhängig von der Berufsbezeichnung sind alle am Erziehungsprozeß beteiligten Personen für Montessori Erzieher, dies gilt auch für die Familienerziehung. Vielfach benutzt sie auch den Begriff Lehrer. Die Begriffe sind austauschbar.

Korrespondierend zu ihren anthropologischen Grundpositionen weist Montessori dem Erzieher indirekte *Erziehungsfunktionen* und *Aufgaben* zu. Abgeleitet aus der Orientierung am Kind und der Selbsterkenntnis über eigene Stärken und Schwächen hat er dem Kind Beistand zu leisten, seine Persönlichkeit und Individualität zu entwickeln. Als Grundqualifikation bedarf es der menschlich-teilnehmenden Beobachtung, denn alle erzieherischen Tätigkeiten lassen sich nur aus der Wahrnehmung und Beobachtung pädagogisch begründen. Erst aus mehreren Beobachtungsprozessen können Rückschlüsse auf individuell angepaßte pädagogische Maßnahmen resultieren. Sie sind der Schlüssel für eine effektiv gestaltete Förderung. Dadurch füllt der Erzieher die Funktion des Leiters und Beistandes beim Aufbau der kindlichen Persönlichkeit aus. Zudem muß der Erzieher seine eigenen Grenzen einschätzen lernen, „innerhalb derer er pädagogisch handeln darf".[3] Indem er dem Kind durch indirekte Gestaltung eine altersgemäße und an den sensiblen Phasen orientierte Anregungs- und Lernumwelt schafft, ist er Initiator, Organisator und Leiter der Lernprozesse. Neben diesen Funktionen hat der Erzieher noch ein *Aufgabenbündel* zu berücksichtigen. Die aus dem neuen Erzieherselbstverständnis abgeleitete andere Arbeitsweise muß er kennen (u. a. die freie Wahl der Arbeit durch die Kinder) und über eine ausreichende Kompetenz im Umgang und beim Einsatz des Entwicklungsmaterials verfügen. Außerdem muß er fähig sein, mit dem beobachteten Lernstand des Kindes reflexiv umzugehen, um so pädagogische Konsequenzen ziehen zu können. Eine weitere Aufgabe ist die Gestaltung der Lernumgebung. Hierzu zählen die Auswahl und Anordnung der Entwicklungsmaterialien sowie deren Umgang, Pflege und ggf. der Austausch gemäß den progressiven Interessen des Kindes. Als nächstes muß er die Freigabe der kindlichen Aktivitäten als methodisches Prinzip gestalten. Sie ist ein genuin zur Montessori-Pädagogik gehörender Faktor. Innerhalb der vorbereiteten Umgebung wird dem Kind die Freiheit gegeben, den Inhalt seiner Arbeit selbst zu wählen und damit sein Interesse an einer bestimmten Sache zu bekunden. Das Kind kann sich frei bewegen, die Zeitspanne seiner Arbeit und seine Kooperationspartner selbst wählen. Es kann aber auch freiwillig allein arbeiten. Die Gewährung der Wahlfreiheit darf keinesfalls als „Tun- und Lassenkönnen, was man will" verstanden werden. Hier hat der Erzieher pädagogische Rückschlüsse aus der Beobachtung zu ziehen. Erkennt er, daß ein Kind andere stört oder mit sich selbst nichts anzufangen weiß, ist ein Eingreifen erforderlich. Bei konzentriert arbeitenden Kindern dagegen gilt das absolute Prinzip der Nichteinmischung. Auch Lob würde die Konzentration stören. Der Erzieher muß die Fehler, die ein Kind macht, aushalten, ohne darauf einzugehen. Wenn es den Fehler nicht selbst erkennt, hat es möglicherweise die entsprechende Entwicklungsstufe noch nicht erreicht, sonst hätte es den Fehler nicht gemacht oder hätte sich selbst korrigiert. Da ist Geduld des Erziehers erforderlich. Beim nächsten Versuch klappt es vielleicht ohne Hilfestellung von allein.

Die vorbereitete Umgebung und das didaktische Material

Ein Kind hat kein größeres Verlangen, als die „Welt" zu erkunden und zu verstehen, sich frei in ihr bewegen zu können und die Dinge zu tun, die es andere tun sieht. Durch die vom Erzieher vorbereitete Umgebung wird dem kindlichen Tätigkeitsdrang die materielle Grundlage gegeben. Die Ausstattung orientiert sich einerseits am Kind mit seinen Fähigkeiten – bezogen auf seine sensiblen Phasen –, andererseits aber auch an dem jeweiligen Kulturkreis. Somit provoziert die Lernumgebung das Kind, sich zu entwickeln und sich selbst aufzubauen. Übernimmt man Montessoris Bild vom Kind als „Baumeister seiner selbst", so stellt die vorbereitete Umgebung das Baumaterial zur Verfügung. Der Erzieher hat als Teil der Umgebung durch seine pädagogischen Interventionen bzw. durch die vom Kind gewünschte Hilfe Hinweise für die Statik zu geben.

Für die Ausgestaltung der vorbereiteten Umgebung gelten die Grundsätze der Anpassung an das Entwicklungsniveau und das fortschreitende Interessenspektrum des Kindes. Folgerichtig sieht die Umgebung sehr unterschiedlich für das Kleinkind im Kinderhaus, das Grundschulkind oder den Jugendlichen in Sekundarstufe I oder II aus.

Das Klein- und Vorschulkind ahmt die alltäglichen Tätigkeiten größerer Leute gern nach. Es will sich selbst anziehen, sich selbst die Hände waschen und auch den Saft eingießen. Neben den Tätigkeiten für die eigene Person will es nützlich für die Gemeinschaft sein. Es deckt den Tisch, säubert ihn, pflegt Blumen u.a.m. Dieses auf die Selbst- und Gemeinschaftserziehung ausgerichtete Tun nennt Montessori „Übungen des täglichen Lebens". Die Gegenstände sind nach den Kriterien Funktionsfähigkeit und Stabilität ausgesucht. Es handelt sich nicht um Spielzeug oder gar Dinge aus der Puppenstube. Das Kind soll damit eine reale Aktivität entfalten und keine Scheinhandlung ausführen. Im Kinderhaus gibt es neben den Gegenständen, die für das Alltagsleben gedacht sind, noch viele andere. Sie eignen sich für eine graduell abgestufte Ausbildung von Inhalten, wie z.B. Materialsysteme zur Sinneserziehung, zum Erlernen des Schreibens und Lesens und zur Mathematik/Geometrie. Montessori nennt sie Entwicklungsmaterialien, um sie von im praktischen Leben benutzten zu unterscheiden.

Alle Materialien sind in Reichweite des Kindes, also in offenen, niedrigen Regalen untergebracht und in Maß und Gewicht der kindlichen Körpergröße angepaßt.

Die vorbereitete Umgebung in einer Grundschulklasse gleicht in mehrerer Hinsicht der Ausstattung im Kinderhaus. Die Materialien sind in einer den Kindern einsichtigen Ordnung in Funktionsbereiche gegliedert. Die Ordnung dient der Orientierung und der Übersichtlichkeit. Jedes Material wird nach Gebrauch wieder an seinen angestammten Platz zurückgestellt, und es gibt dieses Material nur einmal.

Der größte Teil des von Montessori konzipierten Materials umfaßt den Bildungsbereich der Grundschullehrpläne für Regelschulen, wobei die Anzahl der Materialien für Mathematik und Geometrie am größten ist. Für alle mathematischen Operationen stehen in die Sachlogik einführende Gegenstände zur Verfügung. Das reicht von der Zahlbegriffsbildung, Addition und Substraktion bis hin zur Bruch- und Dezimalrechnung.

Für den Bereich der Sprache sind zu nennen unterschiedliche Materialien für das Lesen und Schreiben, zur Grammatik, zur Rechtschreibung und Materialien zur Schaffung von Schreibanlässen.

Auch für die „Kosmische Erziehung", die die Aspekthaftigkeit des Sachunterrichts noch erweitert, stehen eine Vielzahl von Materialien zur Verfügung, wie beispielsweise: Globen, Landkartenpuzzles, Karteien für biologische Grundbegriffe und Anregungen für chemische und physikalische Versuche.

Ergänzt werden die klassischen Montessori-Materialien durch Lexika, Kindersachbücher und adaptiertes Material, das jedoch den Prinzipien des Originalmaterials angeglichen sein muß.

Zusätzlich gehören Büromaterialien wie Locher, Klebstoff, Büroklammern, Papier und Pappe aller möglichen Stärken und Farben sowie Arbeitsgeräte wie Pinzetten und Lupen, aber auch technische Geräte (Recorder, Schreibmaschine oder heute teilweise auch Computer) zur Ausstattung.

Die vorbereitete Umgebung der Sekundarstufe I und II erinnert eher an eine Bibliothek, an Werk-, Labor- und naturwissenschaftliche Arbeitsräume. Das klassische Montessori-Material ist höchstens noch in der Sekundarstufe I für Einzelthemen zu finden. Gemäß den entwicklungspsychologischen Gegebenheiten des Jugendlichen arbeitet er mit anderen Materialien – einem wissenschaftlichen Apparat vergleichbar –, das dem beginnenden formal-abstrakten Denken angepaßt ist. Ein handelnder Umgang mit konkreten Materialien ist nur noch bedingt notwendig. Die Grundlagen zum selbständigen Erarbeiten von Fragestellungen und Problemen sind gelegt. Jetzt werden andere Informationsquellen, Arbeitsmittel verwendet.

Unabhängig von der Altersstufe des Kindes sind alle Räume so eingerichtet, daß eine übersichtliche Anordnung und eine angenehme und ästhetisch ansprechende Atmosphäre herrscht.

Freiarbeit und Altersmischung

Aus der grundschulrelevanten Fachliteratur und den entsprechenden Richtlinien ist der Begriff Freiarbeit kaum mehr wegzudenken. Die Anzahl der Veröffentlichungen nimmt ständig zu. Die oft sehr praxisorientierten Anleitungen geben dem Lehrer Hilfestellungen, die Freiarbeit in sein Methodenrepertoire aufzunehmen. Als Legitimation für die Freiarbeit werden die zunehmenden Probleme, die sich aus der Heterogenität der Lernvoraussetzungen, Lernfähigkeiten und kindlichen Motivation ableiten lassen, angegeben und die daraus resultierende Notwendigkeit zur inneren Differenzierung. Die Freiarbeit scheint die dafür geeignete Methode zu sein. Dabei wird die unbedingte Voraussetzung eines veränderten Lehr- und Lernbegriffs übersehen. Eigentlich müßte sich Freiarbeit aus der Einbettung in das pädagogische Gesamtkonzept ergeben und nicht umgekehrt.

Allein für die Erziehungskonzepte von Peter Petersen (Jenaplan-Schulen) und von Maria Montessori ist Freiarbeit die sich zwingend ergebende Arbeitsform. Beide Ansätze sehen das einzelne Kind mit seinen individuellen Interessen und Lernmöglichkeiten als Mittelpunkt aller pädagogischen Bemühungen.

Abgeleitet aus ihren anthropologischen Grundpositionen, dem Ziel von Erziehung und der für das Kind zu schaffenden Lernumgebung, in der sich der Erwachsene nur als ein Teil begreift, ergibt sich für Maria Montessori brennpunktartig die Freiarbeit. In ihr fließen alle pädagogischen Vorgaben zusammen. Diese Fokussierung ist die absolute Konsequenz für den Weg und das Ziel von Erziehung: Verantwortung für die eigene Lernkultur zu übernehmen und ein selbstgesteuerter Mensch zu werden.

Folglich ist die Freiarbeit – auch Freie Wahl der Arbeit, freies Arbeiten genannt – *das* konstituierende Merkmal der Montessori-Pädagogik. Abgeleitet aus ihrem Anspruch, dem Kind optimale Entwicklungshilfen für den Aufbau seiner Persönlichkeit zu geben, stellt die Freiarbeit eine Form gelebter Freiheit dar. Als Basis für diese mit sittlicher Freiheit einhergehende Haltung gilt die schrittweise und dem Entwicklungsniveau angepaßte Freigabe der kindlichen Aktivitäten. Zwei Aussagen Montessoris weisen auf Einschränkungen beim Aufbau sittlicher und biologischer Freiheit hin:

„Freiheit muß aufgebaut werden.“[1]
„Freiheit bedeutet nicht, daß man tut, was man will.“[2]

Einerseits ist die Eroberung von Freiheit an die Voraussetzungen der beschriebenen Lernumgebung geknüpft, andererseits erfährt sie Eingrenzungen, die durch die soziale und gegenständliche Umwelt vorgegeben sind. Die freiwillige Anerkennung dieser Grenzen wird zum Ziel der Erziehung (Selbstdisziplin). Dies ist ein langfristiger Prozeß. Die – heute allgemein anerkannte – Freiheit endet dort, wo die Freiheit des anderen tangiert wird (soziale Grenze). Nach Montessoris Ansicht muß der Mensch zusätzlich auf die „Stimme der Dinge“ achten. Dies bedeutet für sie, den Wert und die Funktion von Gegenständen anzuerkennen: „Ein Mikroskop ist kein Briefbeschwerer."[3] Beide Begrenzungen des Freiheitsdranges bedürfen der Selbstkontrolle, die dem Kind nicht sofort gelingt. Hier ist das verantwortungsbewußte, engagierte und sensible Handeln des Erwachsenen gefragt, damit Grenzen, Regeln und Normen eingehalten werden können. Das Fazit bedeutet Freiheit und Bindung. Oder auch: so viel Freiheit wie möglich und so viel Bindung (an die Situation) wie nötig. Doch sind die Grenzen dehnbar und nach dem jeweiligen Entwicklungsstand veränderbar. Freiheit ist nach Montessori nie grenzenlos.

Übernimmt der Erzieher oder Lehrer Maria Montessoris pädagogisches Konzept, so hat er zu der traditionellen Rolle eine konträre Funktion. Die Zentrierung des Unterrichtsgeschehens auf seine Person ist weitgehend aufgehoben. Er richtet sein pädagogisches Handeln an anderen Zielgrößen aus. Indirekte Führung der Kindergruppe und des einzelnen Kindes bestimmt sein Handeln. Hinzu kommen fünf Prinzipien, die die pädagogische Arbeit, besonders in der Freiarbeit, prägen. Allerdings unterliegen diese Prinzipien nicht allein seiner Entscheidungskompetenz. So legt Montessori ihrem Erziehungskonzept *Bildungskontinuität* zugrunde, die vom Kinderhaus des dreijährigen Kindes über die sechsjährige Grundschule bis zum Abschluß des Schulbesuchs mit achtzehn Jahren reicht. In allen Einrichtungen ist das pädagogische Handeln an gleichen Maximen ausgerichtet. Der Übergang von einer Bildungsstufe in die nächste wird von offenen Türen begünstigt. Der oft große Schwierigkeiten bereitende Übergang, z. B. von der vorschulischen Einrichtung zur Grundschule, wird in den nach Montessoris Ansatz ausgerichteten Einrichtungen minimiert. Das Erziehungskonzept bleibt gleich, einzig die an dem progressiven Interessensspektrum ausgerichteten Inhalte und die stufenweise Freigabe von Aktivitäten ändern sich. Somit hat sich auch die Gestaltung der *vorbereiteten Umgebung* und das mit ihr verbundene Angebot des *Entwicklungsmaterials* dem fortschreitenden Alter anzupassen.

Die Freiheit des Kindes in der *Wahl des Arbeitsschwerpunktes* ist als weiteres Prinzip anzusehen. Das Kind entscheidet sowohl über die Art der Arbeit als auch über seine Sozialpartner. Es kann allein arbeiten, mit einem Partner oder auch in der Gruppe. Darüber hinaus legt es selbst fest, wie lange sein Arbeitszyklus dauert.

Um eine echte Wahlfreiheit zu gewährleisten, muß das Kind die Materialien kennen, erst dann kann es frei wählen. In sogenannten Einführungslektionen durch die Lehrerin wird es mit den Materialien, ihrem Umgang und den Einsatzmöglichkeiten vertraut gemacht. Neben der Gestaltung der vorbereiteten Umgebung sind noch andere Voraussetzungen für den allgemeinen Lernerfolg in der Freiarbeit zu berücksichtigen. Ein entspanntes und ruhiges Lernklima und eine vertrauensvolle Lehrer-Schüler-Atmosphäre tragen entscheidend dazu bei, daß jeder Schüler die Möglichkeit hat, seinem individuellen Anspruchsniveau angepaßt zu arbeiten. Die in den meisten Materialien liegende Fehlerkontrolle kann selbst vorgenommen werden. Durch sie erhält das Kind sofort – ohne Fremdkontrolle – die so wichtige Bestätigung für seine Lernanstrengung. Seine Würde bleibt gewahrt. Schulfreude und Lernmotivation, die eigenen Lernprozesse selbsttätig zu steuern, erhöhen sich zunehmend. Diese „Lernkarriere" ist aber nur aufgrund der Wahlfreiheit gewährleistet. Verordnete Inhalte und Wege können dies nicht bewirken.

Anders als in der Regelschule verläuft der Tag in Montessori-Kinderhäusern und Schulen in *Rhythmen*. Einen Stundenplan, der sich von Wochentag zu Wochentag ändert und die Strukturen der Regelschule bestimmt, gibt es nicht. Jede Montessori-Einrichtung ist in der Festlegung ihres Tagesablaufs frei. Allen gemeinsam ist die Rhythmisierung des Tages. Zu dieser grundlegenden Struktur gehört der flexible Beginn mit persönlicher Begrüßung durch den Erwachsenen. Einige Kinder beginnen bereits vor dem offiziellen Beginn mit ihren frei gewählten Arbeiten, andere bedürfen erst des Gesprächs. Kein Klingelzeichen ruft zur Arbeit. Allerdings sind bestimmte Gruppenregeln in bezug auf Lautstärke, Auswahl des Materials u. v. a. m. einzuhalten. Meist dauert die Freiarbeitsphase 2–3 Stunden, in der die Kinder ohne Zeitdruck ihren selbst gewählten Aufgaben nachgehen, wobei auch die Pausengestaltung keinem festen Plan unterliegt.

Das Materialangebot für die Freiarbeit soll begrenzt sein, damit Überforderung vermieden wird, doch muß es gleichzeitig so umfang- und anregungsreich sein, daß eine Unterforderung ausgeschlossen ist.

Die freie Wahl der Arbeit kann man ein absolut individualisiertes Lernen nennen. Aus dieser Lernform ergibt sich häufig die Frage nach der Lernerfolgskontrolle. Die Regelschule legt den Lernerfolg durch einen Vergleich des Lernstandes des einzelnen Kindes mit dem innerhalb seiner Lerngruppe fest. Die Montessori-Schulen verzichten auf eine Zensierung im herkömmlichen Sinne. Dafür fertigt der Lehrer individuelle Entwicklungsberichte (Lernpässe) an, in denen der Lernstand des Kindes dokumentiert wird. Zusätzlich geben diese Berichte Auskunft über die individuelle Persönlichkeitsentwicklung. In der Ausbildung zum Montessori-Lehrer oder -Erzieher wird der in der Lehrerausbildung sträflich vernachlässigte Aspekt der Beobachtung zu einem Schwerpunkt. Gerade in der Freiarbeit kann sich der Lehrer der Beobachtung widmen, denn jede erzieherische Maßnahme ist auf Beobachtungsvorgänge und ihre Interpretation angewiesen. Allein aus ihnen ist ein auf „individuelle Passung" ausgerichtetes pädagogisches Handeln möglich. An die Freiarbeit schließen sich sehr unterschiedliche und vielfältige Aktivitäten an, die in und von der Lerngruppe abhängen, aber von allen gemeinsam genutzt werden. Das kann Fachunterricht in Form des gebundenen Unterrichts sein. („Natürlich lieben Kinder Fachunterricht. Es ist nur die Frage, ob man ihn an einem Vormittag 5 Stunden lang ertragen kann."[4]) Es können aber auch Aktivitäten der Lerngruppe oder Teile von ihr sein, die in Form eines Projektes, von Erkundungen in und außerhalb der Schule, von Spiel, Sport, Musik und handwerklichen Tätigkeiten angelegt sind, wie z.B. Gartenarbeit, Tierpflege. Auch ein lehrgangartiges Segment kann sich anschließen. Dieser zweite Teil des Tagesablaufs ist vorwiegend den Aktivitäten der Großgruppe vorbehalten. Soziale Kontakte in Gesprächen und andere Aktivitäten bilden hierfür den Rahmen.

Wie die Regelschulen sind auch die Montessori-Schulen an die Rahmenrichtlinien und Lehrpläne des jeweiligen Bundeslandes gebunden. Es müssen dieselben Ziele erreicht werden. Der große Unterschied besteht allein in dem Weg und den Mitteln zur Erreichung der Ziele. Mehrere Untersuchungen weisen nach, daß Montessori-Schüler keinerlei Defizite in ihren Leistungen gegenüber Regelschülern haben. Die Wahlfreiheit innerhalb der Freiarbeit gibt dem Kind die Gelegenheit, sich in seiner Grundschulzeit ein ausgesprochen breites Interessen- und Themenspektrum aus allen Lernbereichen zu erarbeiten. Über die curricularen Anforderungen hinaus belegen die Studien Vorteile der Montessori-Schüler durch ihre Fähigkeit zum eigenverantwortlichen Lernen. Selbständiges Arbeiten, ein positives Sozialverhalten und intensive Konzentrationsfähigkeit werden als weitere Vorzüge genannt.

Im absoluten Gegensatz zur Regelschule, in der meist Schüler gleichen Alters in der gleichen Zeit den gleichen Stoff mit gleichen Methoden und mit dem – erhofften – gleichen Lernerfolg lernen, setzt Maria Montessori auf die Unterschiedlichkeit der Lebensalter, nämlich das *Prinzip der Altersmischung*. Wie bereits im Kinderhaus bilden Kinder aus drei Jahrgängen (Drei- bis Fünfjährige) eine Lerngruppe. Aus der Familienerziehung ist bekannt, daß Kinder am besten von und mit Kindern lernen. Sie sind sich in ihren Vorstellungen, ihrer Sprache, ihrem Denken und Fühlen sehr ähnlich. (Montessori spricht von „natürlicher geistiger Osmose".) Das Prinzip der Altersmischung wird im gesamten Schulbereich beibehalten. Optimal ist ihrer Meinung nach das kooperative Arbeiten von Kindern folgender Lebensalter: 3–5, 6–8, 9–11, 12–14, 15–18 Jahre.

Während in den 50er und 60er Jahren die Mischung von Jahrgängen aus organisatorischen und finanziellen Gründen durchgeführt wurde und auch heute in Landgemeinden mit geringen Schülerzahlen (z. B. in Brandenburg) zu finden ist, resultiert dieses Prinzip bei Montessori – und auch in den

Jenaplan-Schulen nach Peter Petersen – aus dem pädagogischen Konzept. Montessori unterlegt der Heterogenität der Altersstufen sozialerzieherische und lernpsychologische Werte. Hinzu kommen der Erwerb und die Steigerung sozialer Kompetenz, wie Respekt vor den Rechten anderer, Rücksichtnahme auf andere und ihre Arbeit, Hilfsbereitschaft und Toleranz. Erfahrungs- und Verhaltensdefizite (z. B. bei Einzelkindern) können so auf natürliche Weise und leichter ausgeglichen werden.

Nach Montessoris Vorstellungen ist die Mischung von drei Lebensaltern die optimale Form. Die Realisierung stößt in Deutschland in fast allen Bundesländern an die Grenzen des Schulgesetzes, da die Grundschule meist nur vier Jahre umfaßt, außer in Berlin und Brandenburg, die eine sechsjährige Grundschulzeit haben. Abgeleitet aus diesen Rahmenbedingungen finden sich deshalb in Montessori-Schulen unterschiedliche Modelle der Altersmischung. Teilweise werden nur zwei Jahrgänge (Klasse 1/2 und 3/4) zusammengefaßt. Dies soll beispielhaft erläutert werden: Grundsätzlich bleibt die Lerngruppe die meiste Grundschulzeit zusammen. Im ersten Jahr sind die Kinder in den Klassen 1 und 2, im folgenden Schuljahr sind sie Klasse 2 und 3, im nächsten 3 und 4. Wenn die Viertkläßler die Grundschule verlassen, wird die 3. Klasse zur vierten. Zu diesen Viertkläßlern kommen nun die neuen Erstkläßler. Im folgenden Schuljahr kann sich das beschriebene Modell wiederholen. An einigen Schulen werden auch die vierten Parallelklassen zu einer Lerngruppe zusammengeführt. An anderen Schulen wird die Altersmischung Klasse 1 bis 4 praktiziert.

Die Zusammensetzung der Lerngruppe bedarf gerade bei der Altersmischung großen pädagogischen Feingefühls. Jedes Kind sollte aus der Anzahl der Kinder des gleichen Alters und des gleichen Geschlechts sich Freunde wählen können. Deshalb darf die Gruppengröße eines Jahrgangs nicht allzu niedrig sein. Optimal wäre eine Zusammensetzung von jeweils vier Mädchen und vier Jungen pro Jahrgang. Die Gesamtgruppe umfaßte dann 24 Kinder.

Abschließend und zusammenfassend soll ein Zitat deutlich machen, daß die Freiarbeit als ein unverwechselbares, grundsätzliches Merkmal zur Montessori-Pädagogik gehört: „Freiarbeit im Sinne Montessoris stellt somit kein Instrument zur Steigerung der Lerneffizienz dar, sondern ein umfassendes, anthropologisch begründetes Erziehungs- und Bildungskonzept, in dessen Zentrum die Arbeit des Kindes den ‚Angelpunkt‘ der freien Persönlichkeitsentwicklung bildet."[5]

5. Die Kosmische Erziehung

Begriff

Der breiten Öffentlichkeit – auch der pädagogisch interessierten – ist der Begriff „Kosmische Erziehung" weitgehend unbekannt. Selbst die pädagogische Fachliteratur hat diese pädagogische Konzeption bisher übersehen. Dabei ist die „Kosmische Erziehung" mit ihren Dimensionen *eine* mögliche Antwort auf die Fragen nach dem Ziel der Erziehung und somit der Menschheit überhaupt. Für das Verständnis Montessoris ist sie „gleichsam der Schlüssel ..., welcher das Verständnis des Gesamtwerkes Montessoris im Sinne einer Rekonstruktion aufschließt".[1] Anders ausgedrückt stellt die „Kosmische Erziehung" eine umfassende Integration aller theoretischen, anthropologischen und methodischen Grundpositionen Montessoris dar. Die Kosmische Erziehung ist gleichsam der Kristallisationspunkt, um den sich die anderen Erziehungsbereiche (u. a. Sprache und Mathematik) anordnen, ein sogenannter „Schlußstein", ohne den die Kuppel keine Standfestigkeit hätte. Im weitesten Sinne umfaßt die „Kosmische Erziehung" die Einführung des Kindes und Jugendlichen in den Gesamtzusammenhang und die Wechselbeziehungen des „Kosmos". Das aus dem Griechischen stammende Wort bedeutet Welt, Weltall, Welt als geordnetes Ganzes, wird aber auch für die gesamte Menschheit benutzt. Gemäß dieser Wortbedeutung umfaßt die „Kosmische Erziehung" die Entwicklung und den Zustand des gesamten Universums (dem Einen zugewendet, dem Höheren): der anorganischen und organischen Natur mit geologischen Phänomenen, Wasser, Klima, Flora und Fauna. Hinzu kommen die Kultur mit der Arbeit der Menschen und deren materiellen und geistigen Produkten, die sozialen Zusammenhänge, in denen Menschen miteinander lebten und leben und die Bereiche Bildung, Religion und Kunst. Unter Kultur versteht Montessori alles, was vom Menschen geschaffen worden ist. Dafür benutzt sie die

Begriffe „Super-" oder auch „Supra-Natur". Der Mensch ist nach Montessori Teil dieser Natur. Er ist von Geburt an mit Intelligenz ausgestattet und entwickelt willentliche Aktivitäten, die es ihm ermöglichen, sich der Natur anzupassen und auf sie nach seinen Bedürfnissen durch kulturelle Leistungen einzuwirken.

Ähnliche Denkansätze zu einem „Weltdeutungskonzept" (Paul Oswald) entwickelten vor Montessori schon Comenius (1592–1670) und Fröbel (1782–1852). Auch sie sehen den Menschen eingebettet in den vom Schöpfer ausgearbeiteten Plan, den der Mensch verantwortungsvoll zu beachten hat. Außerdem soll der Mensch zur Vervollkommnung der Schöpfung beitragen.

Die Kosmische Theorie

Ausgangspunkt für die „Kosmische Erziehung" ist die mit dem Terminus „Kosmische Theorie" bezeichnete übergeordnete Grundannahme eines universalen Schöpfungsplanes. In Maria Montessoris religiös-christlich *und* kosmologisch-universal geprägter Weltsicht ist Gott der Schöpfer des Kosmos. Diese Sichtweise legt der gesamten Schöpfung einen einheitlichen Plan zugrunde, „von dem nicht nur die verschiedenen Formen der Lebewesen, sondern auch die Entwicklung der Erde selbst abhängt. Diese Idee schließt zwar die Grundlage der Evolutionstheorie ein, unterscheidet sich aber von ihr in bezug auf die Ursachen und die Finalität des fortschreitenden Wandels der Arten. Der Fortschritt des Lebens ... rührt nicht vom Wandel her. Das Leben schreitet nach einem kosmischen Plan voran, und der Sinn des Lebens ist nicht, Vollkommenheit auf einer unbegrenzten Bahn des Fortschritts zu erlangen, sondern einen Einfluß auf die Umgebung auszuüben und ein bestimmtes Ziel in ihr zu erreichen."[2]

Innerhalb der Evolution der Lebewesen ist der Mensch als letztes Glied hinzugekommen und gemäß des Schöpfungsplanes mit Intelligenz ausgestattet. Er hat sich dementsprechend der Umwelt angepaßt, beispielsweise dem unterschiedlichen Klima auf der Erde, aber auch dem Leben in einer Weltraumkapsel. Nicht nur diese passive Anpassung an die Umwelt, sondern auch seine aktiv formenden Eingriffe in den Kosmos, den er sich untertan gemacht hat, bedürfen der Besinnung auf seine Verantwortung für die Gesamtheit. Durch die Teilhabe an den Leistungen vorangegangener Generationen profitiert der heutige Mensch. Er ist einem steigenden technischen Fortschrittsglauben unterlegen. Montessori verweist auf das Ungleichgewicht zwischen äußerem Fortschritt und der psychischen Entwicklung des Menschen. Alles, was der Mensch heute ist und kann, wurde er durch ein Sich-Abarbeiten am Weltwiderstand. Er erfand Maschinen, die ihm halfen; er kann sie aber nicht beherrschen, und die Folgen übersieht er oft nicht oder nur unzureichend (etwa in der Gentechnik). So stellt Montessori die Frage in den (pädagogischen) Raum, ob alles, was machbar ist, wünschenswert und verantwortbar ist. Diese Gedankengänge könnten vordergründig als Ablehnung des technischen Fortschritts und als Kultur- bzw. Zivilisationspessimismus interpretiert werden. Doch eher das Gegenteil trifft auf Montessori zu: Der Mensch soll stolz auf seine Errungenschaften sein, sich aber gleichzeitig die Frage nach der ethischen Verantwortung und den Auswirkungen seiner Handlungen auf die Menschheit schlechthin – die *eine* Nation aller Menschen ist – stellen. *„Die ganze Menschheit ist eine und nur eine, eine Rasse, eine Klasse und eine Gesellschaft." –* „La Nazione Unica!"[3]

Damit werden Fragen nach Gerechtigkeit, Macht und Ohnmacht bestimmter Völker, Volks- und Interessengruppen, Nutzung von Ressourcen u. a. m. – ja sogar nach Krieg und Frieden – aufgeworfen und in den (pädagogischen) Fragehorizont gerückt. Krieg wird – so Montessori – nicht von Waffen verursacht, sondern von Menschen. Frieden beginnt nicht mit dem Ende kriegerischer Handlungen. Wie Druck Gegendruck erzeugt, wird der Besiegte längerfristig dem Sieger seine Unterlegenheit im nächsten Konflikt heimzahlen wollen. So entsteht eine ewig während Spirale.

Mit dieser Phänomenanalyse sprach Montessori bereits in den 30er und 40er Jahren des 20. Jahrhunderts Gedanken und Probleme an, die wir heute mit den gängigen aktuellen Begriffen Globalisierung und Vernetzung versehen (Finanzwelt, Wirtschaft, Wissenschaft, Kommunikation, Ökologie u. a. m.). Wird an einer Stelle das Gleichgewicht gestört, hat es Auswirkungen vielfältiger Art auf andere Bereiche, die über die nationalen Grenzen und Fachrichtungen hinaus wirken. Die Aktualität der Aussagen verlor seit Montessoris Entfaltung der „Kosmischen Theorie" nicht an Bedeutung. Die Brisanz wurde höchstens noch gesteigert, denn ein universales ethisches Bewußtsein für eine friedfertige, verantwortungsvolle und die nachfolgenden Generationen in alle Handlungen einbeziehende Denkweise fehlt bisher völlig. Sinngemäß formulierte Montessori schon damals: Entweder wir erfüllen den Schöpfungsplan oder die Menschheit geht unter. Bisher stehen wir dicht am Abgrund, müssen uns also rasch entscheiden. Zeit bleibt kaum noch.

Was ist und was will die Kosmische Erziehung?

Ausgehend von der „Kosmischen Theorie" und der Bilanzierung des Zustandes der Menschheit fordert Montessori eine *„neue Welt"* durch eine *„neue Erziehung"*. Der Erwachsene befindet sich dabei in einem großen Dilemma. Einerseits hat er zu dem Zustand der Welt beigetragen und ist seiner individuellen Weltsicht verhaftet, andererseits soll er die nächsten Generationen zu anderen als seinen eigenen Werten erziehen. Er lebt also disproportional zu seinem Erziehungsauftrag (H. Holtstiege). Trotzdem ruht auf der neuen Generation, auf ihrem Wissen um Zusammenhänge, ihrem umsichtigen und verantwortungsvollen Handeln die ganze Hoffnung des Fortschritts für die Zukunft. Diese Generation wird außerdem Richter der Gegenwart sein.

„Durch diese Erziehung muß die Überzeugung entstehen, daß wechselseitige Hilfe unter den Menschen die direkteste Form universalen Schutzes ist. Die Not und die Inferiorität eines Volkes ist eine reale Gefahr für das Ganze der Menschheit, und es liegt im Interesse aller, daß die Mittel gefunden werden, diesen Bedürfnissen genugzutun und die Menschen aus ihrem Zustand der Unterlegenheit emporzuheben."[4]

Die gesamte menschliche Gesellschaft hat einen Anspruch auf einen gewissen Wohlstand und die Gewährleistung von wichtigen Lebensbedürfnissen. So muß auch der einzelne Mensch „als ein geheiligtes Wesen der Schöpfung erscheinen und als das größte Wunder der Natur; und das Gefühl der ‚Dankbarkeit und Liebe' für alle die Vorteile, die wir im Leben genießen, muß entstehen mit jedem Schritt in das Feld der Bildung hinein".[5]

Der einzelne Mensch soll die Leistungen, Erfindungen und Entdeckungen der Menschheitsgeschichte bewundern. Er soll Stolz empfinden, zur Menschheit zu gehören. Denn alles, „was wir heute lernen, hängt ab von individuellen Entdeckungen, ganz gleich, wie groß oder wie klein sie waren. Es gibt kein Detail einer geographischen Karte, das nicht Anstrengungen und Heroismus von Entdeckern erforderte, die in ihrer großen Mehrheit unbekannt blieben. Das Alphabet, die Schrift, die Mathematik, der Buchdruck und alles, was die Mittel unserer Kultur bildet, geht zurück auf eine Serie von Anstrengungen von Individuen, deren Namen in der Mehrheit der Fälle vergessen sind. Dem Menschen, immer dem Menschen, ist all das zu verdanken, was entsteht, um den Geist zu bereichern und das Leben zu erleichtern."[6]

Als Resultat aus den Darlegungen Montessoris, daß Lernen ein Wesenszug des Menschen ist und er die Kraft zur konstruktiven Veränderung seiner Um- und Mitwelt hat, muß das Ziel von Erziehung sein, seine individuellen Kräfte (Potentialitäten) so zu fordern und zu fördern, daß er auf seine eigenen Fähigkeiten, mit dem Unerwarteten fertig zu werden, bauen kann und anstehende Probleme mit Umsicht, Weitsicht und Rücksicht auf seine Mitmenschen lösen kann.

Die „Kosmische Erziehung" hat nun die Aufgabe, dem Kind und dem Jugendlichen das Kennenlernen der Natur und der

Kultur zu ermöglichen und sie zum Verstehen der Zusammenhänge anzuleiten.

In den heutigen öffentlichen vorschulischen Einrichtungen gibt es einen sogenannten Bereich „Umwelt und Sachbegegnung". In den Grundschulen wird er als Heimatkunde oder Sachunterricht bezeichnet. In den weiterführenden Schulen gibt es die einzelnen Fächer, wie beispielsweise Geschichte. Diese Inhaltsbereiche entsprechen Montessoris Vorstellungen von „Kosmischer Erziehung" in höchst unvollkommener Weise. Sie bilden die „Kosmische Erziehung" nur in einer verschwindend geringen, kleinflächigen Schnittmenge ab. Montessoris „Kosmische Erziehung" ist viel breiter angelegt. Zu ihr gehören alle Bezugsdisziplinen der Natur- und Gesellschaftswissenschaften, wie Biologie, Chemie, Physik, Geschichte, Erdkunde, Astronomie, Ethik, aber auch Sprache und Mathematik, wenn es das spezielle Thema verlangt. Kosmische Erziehung ist aber auch mehr als fachübergreifender Unterricht. Nicht das Vermitteln von (Einzel-)Kenntnissen steht im Vordergrund, sondern Hilfestellung und Anleitung zum selbsttätigen Lernen, um die Zusammenhänge und Vernetzungen von Mensch und Welt zu begreifen.

In einem sehr aufschlußreichen Beispiel hat Maria Montessoris Enkelsohn Mario in einer Szene aus seiner Kindheit den Ansatz- und Bezugspunkt der Kosmischen Erziehung im Sinne seiner Großmutter geschildert:

„Ein einfacher Anlaß konnte sie bewegen, einen panorama-artigen Überblick über die Entwicklung des Menschen bis zur Gegenwart zu entwerfen, wobei sie das Vorstellungsvermögen ihrer Zuhörer unwiderstehlich stimulierte. Ich erinnere mich, daß sie einmal Kartoffeln schälte und diese dabei tiefgründig anblickte, als ob sie ihr etwas Wichtiges zu erkennen geben könnten. Sie fuhr in ihrer Beschäftigung fort und überlegte dabei laut, wie der Mensch wohl ursprünglich den Wert der Kartoffelpflanze entdeckt haben mochte, die äußerlich doch nur ein Kraut mit unbedeutenden kleinen Blüten und ekligen Früchten ist. Was bewog ihn wohl zu weiterer Prüfung? Aufgrund welcher List des Zufalls entdeckte er, daß ihre Brauchbarkeit für seine eigenen Zwecke nicht in dem Teil der Pflanze lag, der über der Erdoberfläche in Erscheinung trat, sondern in der unter der Erde verborgenen Wurzel? Wie mochte er gelernt haben, daß dieser Teil nicht giftig, sondern eßbar war? Kartoffelpflanzen kamen allem Anschein nach aus der Neuen Welt. Wie mochten sie überall in Westeuropa eingeführt, übernommen und angebaut worden sein?

Die Art und Weise, wie sie über solche Dinge wie Kartoffeln sprechen konnte, führte einen sofort auf eine höhere Ebene des Denkens und zu einer neuen Sicht der Realität, während man zugleich doch dem menschlichen Leben verhaftet blieb."[7]

Wird diese Form der kosmischen Konzeption akzeptiert, dann wird auch die Interdependenz (gegenseitige Abhängigkeit) der das Geschehen konstituierenden Merkmale deutlich. Methodische und mediale Entscheidungen, aber auch ziel- und inhaltsorientierte Veränderungen sind die Konsequenz.

Dies kann durch fächerübergreifendes Lehren und Lernen – meistens in Form von Projekten – realisiert werden. An dem „Kartoffelbeispiel" von Mario Montessori jun. werden die Zusammenhänge aus den Bezugswissenschaften, die hier eher als Hilfswissenschaften zu bezeichnen sind, deutlich, um den angesprochenen Fragen nachzugehen und Antworten auf sie zu finden. Die heranzuziehenden Hilfswissenschaften Geschichte, Biologie, Geografie, (Lebensmittel-)Chemie reichen aber bei weitem nicht aus.

An diesem Beispiel wird deutlich, daß „Kosmische Erziehung" eine bestimmte andere Sichtweise notwendig macht. Der Mensch steht im Mittelpunkt. Seine Erkenntnis der Zusammenhänge, seine Hochachtung vor den Leistungen früherer Generationen, aber auch seine Irrtümer, die in Sackgassen führten, aus denen er neue Erkenntnisse gewann, nötigen ihn zur Würdigung menschlicher Leistungen. Der Ausgangspunkt ist in diesem Beispiel die sinnlich wahrnehmbare Kartoffel und führt über aufgeworfene – fast philosophische – Fragen zur Wertschätzung eines an Alltäglichkeit fast nicht mehr zu überbietenden Lebensmittels.

Der Terminus „Kosmische Erziehung" taucht bei Montessori relativ spät auf und steht fast immer in Anführungszeichen. Wie in der bisher referierten Literatur gibt es auch für die „Kosmische Erziehung" keine von ihr selbst zusammengestellte systematische Darstellung. Der Zeitraum, in dem sie sich mit dem Ziel von Erziehung (*Dem Leben helfen*) beschäftigte, erstreckt sich von etwa 1935 bis zu ihrem Lebensende 1952. Andeutungsweise finden sich bei systematischer Suche bereits 1909 Ansätze, die in diese Richtung weisen. Auch eine Rede von 1932 in Genf vor dem „Bureau International d'Education" beleuchtet ihre Gedankenrichtung. Schwerpunktmäßig widmet sie sich jedoch der „Kosmischen Erziehung" erst ab etwa 1935. Bezeichnend für die „Kosmische Erziehung" ist die Einbettung in den Kontext der Friedenserziehung. Immer wieder hebt sie „die Bedeutung der Erziehung für die Verwirklichung des Friedens" hervor (1936!).[8] „Friede ist für Montessori keine politische, völkerrechtliche, ökonomische Größe o.a.m., sondern eine allumfassende, anthropologische, ja kosmische Grundgegebenheit."[9] Friede ist für Montessori nicht das Aufhören von Krieg, sondern eine Bezugsgröße, zu der der Zustand von Harmonie, Gerechtigkeit und Liebe gehören. Sie zu erreichen, bedarf es einer „neuen Erziehung" zu einem „neuen, besseren Menschen", der die *Verantwortung* für sich selbst, seine Mitmenschen, die Gesellschaft aller Menschen, die Kultur und die Natur übernehmen kann. Dieser visionäre Zustand ist für Maria Montessori allein durch Erziehung erreichbar.

Montessoris Aussagen zur Kosmischen Erziehung und ihrer Grundlage, der Kosmischen Theorie, erweitern den Zugang zu ihrer Pädagogik. Dieser „theoretische" Weg ist manchmal etwas steinig, eröffnet aber Sichtweisen, die über jene in den Kapiteln drei bis fünf dargestellten weit hinausgehen. Angelehnt an den mit vielen Beispielen und Metaphern gespickten Sprachduktus von Montessori soll ein bildhafter Vergleich den Zugang zu Montessoris kosmischem Gedankengut eröffnen.

Ein Spaziergang im Sonnenschein auf einem ansteigenden Waldweg veranlaßt den Spaziergänger, hierhin und dorthin zu schauen. Hier sind eine Blume, ein Pilz, dort bizarre Äste, unbekannte Blattformen oder üppige Moospolster, die zum Staunen und Verweilen anregen und einladen. Endlich steht man oben auf der Bergkuppe und sieht die Weite der Landschaft, die Vielfalt der Vegetation, Dörfer, Wiesen und Bäche. Die Aus- und Übersicht ist berauschend. Der Beschauer kann sich selbst und seinen Weg einordnen in das topografische Gesamtkonzept. Woher bin ich gekommen? Wo will ich hin?

Sehr viele an der Montessori-Pädagogik Interessierte finden den Weg über die *Praxis* der Montessori-Pädagogik, seien es nun vorschulische Einrichtungen oder Grundschulen, die nach Montessoris Prinzipien und Pädagogik arbeiten. Diese Form des Zugangs wäre der Waldweg in obiger Metapher. Der Zugang über die „Kosmische Erziehung" wäre dagegen mit dem Standort auf der Bergkuppe vergleichbar. Die Rundumsicht wäre demnach der Ausgangspunkt. Der Abstieg auf dem Waldweg würde die Schönheit der Landschaft im Detail bestätigen.

Allgemeine Prinzipien

Paul Oswald, einer der besten deutschen Kenner der Montessori-Pädagogik, arbeitete 1977 in einem Aufsatz drei didaktische Schwerpunkte (hier Prinzipien genannt) innerhalb der „Kosmischen Erziehung" heraus. In Montessoris eigenen mündlich und schriftlich überlieferten Aussagen werden sie nur indirekt angesprochen. Oswald integriert dabei die nur schemenhaft und ansatzweise überlieferten Aussagen zur „Kosmischen Erziehung" in Montessoris anthropologisches Gesamtkonzept. Er meint sogar, „daß im Laufe der Jahrzehnte bei Montessori Akzentverlagerungen hinsichtlich eines umfassenden Verständnisses der kosmischen Erziehung stattgefunden" haben.[10] Diese drei Schwerpunkte sind nicht trennscharf: sie ergänzen und überlagern sich teilweise. Sie geben jedoch eine aufeinander aufbauende Stufenfolge von Erkenntnissen an. Dennoch sind sie für die Erhellung des Zusammenhanges äußerst hilfreich. Angepaßt an die anthropologischen Grundgegebenheiten des jeweiligen kindlichen Entwicklungsalters und eingewoben in die „Weltdeutungsgesamtkonzeption" unterscheidet Oswald:

1. „Kosmische Erziehung" als Gegenstandsorientiertheit
2. „Kosmische Erziehung" als Ganzheitsorientiertheit
3. „Kosmische Erziehung" als sittlicher Weltauftrag[11]

Die erste Stufe umfaßt schwerpunktartig das kindliche Alter von 0–6 Jahren, wobei hier noch eine Untergliederung in 0–3 und 3–6 Jahre vorgenommen wird. Die zweite Stufe bezieht sich auf das Alter von 6–12 und die dritte auf das Alter von 12–18 Jahren.

Ausgehend von Margret Stevensons Aussage: „Kosmische Erziehung gehört zur Erziehung des Kindes in jedem Stadium seiner Entwicklung", entwirft Oswald eine an die jeweilige Altersstufe adaptierte Konzeption.

Die Gegenstandsorientierung

Das Kleinstkindalter (0–3 Jahre) ist geprägt durch den absorbierenden Geist als unbewußte und privilegierte Geistesform. Das Kind saugt aus seiner gegenständlichen und sozialen Umwelt all die Dinge auf, die ihm in der (vorbereiteten) Umgebung zur Verfügung gestellt werden. Zuerst einmal ist dies aus dem sozialen Umfeld die Sprache. Mindestens genauso entscheidend und wichtig ist aber die gegenständliche Welt mit ihren Sinneseindrücken. Sie zu differenzieren und in die geistigen Ordnungsschemata einzubauen, ist Aufgabe dieses Lebensalters. Diese Ordnungsschemata beziehen sich auf den Raum und die Zeit, die später helfen, den Kosmos und seine Zusammenhänge zu verstehen: Vom Be-greifen zum Begreifen. Je älter das Kind wird, desto präziser wird seine motorische Entwicklung. Sie kann sich jedoch allein an der Abarbeitung an Gegenständen verfeinern. Der kindliche Aktionsradius erweitert sich zunehmend. Es erobert sich seine ihm zur Verfügung gestellte Welt, seinen „Kosmos". Hat das Kind nicht genügend Gelegenheit, sich der Umwelt zu „bemächtigen", fehlen ihm später die motorischen Fähigkeiten. Der Aufbau geistiger Strukturen bleibt unter Umständen ebenfalls hinter den potentiellen Möglichkeiten zurück.

Das Kindergartenkind (3–6 Jahre) beschreitet nach Montessori den Weg „vom unbewußten Schöpfer zum bewußten Arbeiter". Zuvor hatte es mit Hilfe seiner unbewußten Intelligenz den Kosmos in sich aufgenommen, jetzt entwickelt es auf der Grundlage der zuvor aufgenommenen Eindrücke sein Bewußtsein durch die Aktivität in der Umgebung. Die Sinneskanäle stellen ihm für diese Arbeit das Rohmaterial zur Verfügung, über die es sein Wissen aus den Erfahrungen in seiner Umwelt sammelt, ordnet und in seine Sicht vom Kosmos integriert. Das Kinderhaus mit den vielfältigen Sinnesmaterialien, den Übungen des täglichen Lebens und der bewußten Darbietung von Teilaspekten und Ausschnitten der realen Umgebung (z.B. Ausflug in den Wald) baut auf den zuvor gemachten Erfahrungen auf, intensiviert sie und gibt die Voraussetzung zum Erkennen von Gesetzmäßigkeiten. Hier liegt die Vorstufe zum Aufbau des logischen Denkens und abstrakten Wissens. Montessori bezeichnet die Auseinandersetzung mit der konkreten Umwelt als Voraussetzung für die Abstraktion, indem sie sagt: „Die Dinge sind die besten Lehrer."

Die Ganzheitsorientierung

Die Orientierung am Ganzen ist das Prinzip für die Altersstufe der Sechs- bis Zwölfjährigen. Das Kind begnügt sich nicht mehr, Fakten zu akzeptieren. Es möchte sie verstehen und zwar von selbst, nicht durch Wissensvermittlung von außen. Interessiert reagiert das Kind auf alle Angebote der Kultur im weitesten Sinne. Hieran kann es alle seine Interessen erproben, Neugier entwickeln und seine Aktivitäten ausrichten. Montessori antwortet auf die Frage, wie viele und welche Inhaltsbereiche angeboten werden sollen, mit dem Satz: *„So viele wie möglich."*[12] Zur Methode führt sie folgendes aus:

„So ergibt sich die Notwendigkeit einer besonderen Methode, durch die alle Faktoren der Kultur dem Sechsjährigen vorgestellt werden können, nicht in einem ihm aufgezwungenen Lehrplan oder mit aller Detailgenauigkeit, sondern in dem breitwürfigen Säen einer Höchstzahl von Interessenssamen."[13] Es geht also vorwiegend darum, den Hunger nach Wissen und Verstehen zu wecken, geistige Unabhängigkeit und die Unterscheidung von Gut und Böse zu fördern. Nicht das Detail an sich ist vordergründig, sondern der Gesamthintergrund, das Ganze, d. h. die Frage nach dem Warum, Wo, Woher, Wohin und Wie und nicht mehr die vorwiegende Frage nach dem Was. Hier liegt die Nahtstelle vom Sinnhaften zur Phase der Abstraktion.

Das Kind zeigt Interesse an allem, was es umgibt. Es möchte „sein schützendes Gehäuse verlassen und die große Welt erkunden".[14] Montessori ist es dabei besonders wichtig, daß das Kind ein harmonisches, ganzheitliches Weltbild erlebt. Es soll sich die Zusammenhänge und Verbindung der Dinge untereinander erarbeiten und so von der „Kosmosidee" angesteckt werden, um einen verantwortungsvollen Umgang mit der Welt und ihren realen und sozialen Gegebenheiten zu entwickeln.

Montessori zieht in diesem Zusammenhang Gedanken von Comenius heran, der in seinem „Orbis sensualium pictus" erstmals empfahl, Bilder in den Erkenntnisprozeß einzubeziehen. Montessori geht aber weit über die zweidimensionale Bilderwelt hinaus, indem sie Bilder nur als Hilfsmittel einstuft. Vielmehr muß das Kind die Welt direkt erfahren. Nur das Erleben der Wirklichkeit und ein realer Kontakt bringt „ein wirklich Ganzes der Bildung mit sich. Die durch sie erzeugte Inspiration belebt die Intelligenz, die Interesse und Wissensdrang" hervorruft.[15]

Als Konsequenz daraus ist das ganz bewußte und zielgerichtete Aufsuchen außerschulischer Lernorte durch Wanderungen, Exkursionen und Museumsbesuche ein den Unterricht konstituierendes Merkmal. Hinzu kommen Versuche und das Nachvollziehen von Experimenten, die beispielsweise physikalischen Gesetzen zugrunde liegen (Foucaultscher Pendel-Versuch).

Dem „going-out" kommt eine grundlegende Bedeutung zu. „Es ist dazu bestimmt, das Kind sein Erlebtes leben zu lassen. Nur so dringt es in dessen Wirklichkeit ein. Das nennen wir Erfahrung."[16] Allein hierdurch kann der Grundstein für das „extrovertierende Interesse" des Kindes an Wissenschaft, dem Erkunden von Zusammenhängen, gelegt werden. Montessori formuliert es so: „Was es lernt, muß interessant und faszinierend sein. Man muß Großes bringen: Am Anfang wollen wir ihm die ganze Welt geben."[17] Dieser Satz klingt völlig unrealistisch und fordert bei einem Praktiker geradezu Widerspruch heraus. Keiner kann diesem Anspruch, die Welt in ihrer gesamten Größe, ihrer Unendlichkeit, den Phänomenen, ihrer Artenvielfalt und ihren Besonderheiten Kindern von 6–12 Jahren zu präsentieren, gerecht werden. Das ist auch so von Montessori nicht gemeint. Vielmehr plädiert sie für ein exemplarisches Lernen, auch wenn sie diesen Begriff selbst nicht verwendet.[18] Er wurde erst später von Wagenschein geprägt. Durch handelnden Umgang und handelndes Erleben in der Wirklichkeit soll das Kind vom Ganzen ausgehend zum Studium des Details angeleitet werden, um anschließend seine Erkenntnisse wieder auf das Ganze zu beziehen. Diese Maxime ist Montessoris wesentlicher Erziehungsgrundsatz, den sie folgendermaßen formuliert: „Einzelheiten lehren bedeutet Verwirrung stiften. Die Beziehungen unter den Dingen herstellen bedeutet Erkenntnisse vermitteln."[19] Dieses Vorgehen verlangt den ‚Mut zur Lücke', deshalb das beispielhafte Auswählen von Themen und Inhalten, die aber tiefer und gründlicher bearbeitet werden können. Das Ziel ist, das Wesentliche herauszuarbeiten und einzelne Aspekte intensiv zu erkunden. „Das Einzelne, in das man sich versenkt, ist … Spiegel des Ganzen." (Wagenschein)[20] Das Kind dieser Altersstufe ist nicht mehr allein vom sinnenhaften Eindruck in seinem Lernprozeß abhängig. „Die Phantasie ist die große Macht dieses Alters."[21] Den Begriff Phantasie erweitert Montessori durch andere Termini wie Imagination, Einbildungs- und Vorstellungskraft. Dabei geht sie davon aus, daß das Kind mit zunehmendem Alter in der Lage ist, sich in seiner Vorstellung das Ganze zu vergegenwärtigen, um so das Detail in seine Gehirnstruktur einzubauen, um Schlüsse daraus zu ziehen. Das ist seine Form zur Erlangung von Abstraktion. Die Imagination ist für sie kein zügelloses Schweifen der Phantasie in Bildern von Licht, Farben, Klängen, Eindrücken, sondern sie ist eine ganz an die Wirklichkeit gebundene Gestaltung.

Aber nicht nur der gegenständliche „Kosmos" ist ein Interessengebiet dieser Altersstufe. Hinzu kommt das Bedürfnis, eigenes und fremdes Handeln an ethischen Maßstäben auszurichten und zu bewerten. Moral und Gerechtigkeit sind grundlegende Facetten, die es zu durchdringen gilt. Auch hierbei gilt der Grundsatz, Zusammenhänge und nicht isolierte Einzelheiten zu vermitteln. Das Hinterfragen von Moral und Ethik, von Menschen aufgestellten Regeln allgemeiner Art, steht im Vordergrund.

Der sittliche Weltauftrag

Der dritte Begriffsschwerpunkt umfaßt die Altersstufe der Zwölf- bis Achtzehnjährigen. Hier kommt eine neue Dimension – die sittliche und soziale – in den Blickwinkel der Kosmischen Erziehung. Schwerpunktmäßig beschäftigt sich der Jugendliche neben den Gegenständen und Phänomenen (z.B. physikalischen Gesetzmäßigkeiten) mit dem Menschen und seinen Aufgaben im ‚Kosmos'. Da der Mensch in Montessoris Weltsicht eine Sonderstellung einnimmt, soll er sich seiner kosmischen Aufgabe bewußt werden, Verantwortung für sich und andere – für die Gesellschaft im engeren und weiteren Sinne – übernehmen lernen. Er hat einen freien Willen, die Intelligenz und die Fähigkeit, eine doppelte Aufgabe zu erfüllen. Einerseits soll er sich selbst durch Bildung aufbauen (das geschieht ausschließlich durch Erziehung), andererseits erbringt er durch Teilnahme an den kulturellen Leistungen seinen individuell geprägten Beitrag zur Humanisierung der Menschheit. Er trägt mit seinem Beispiel zur (Welt-)Verantwortung und zum friedlichen Zusammenleben aller Menschen bei. Der junge Mensch wird somit zur kosmischen „Wirkkraft", auf die die Zukunft aufbaut.

Auf dieser Stufe erfährt der junge Mensch die zentrale Idee, die in der grundlegenden Ehrfurcht vor der kosmischen Ordnung wurzelt. Der Heranwachsende soll die sozialen Wechselbeziehungen der menschlichen Gesellschaft mit Gefühlen für Gerechtigkeit und Würde erleben. Diese äußern sich konkret in der Suche nach der Rolle in der Gruppe, der Gesellschaft und in der Suche nach seinem Platz im Kosmos.

Der Jugendliche dieses Alters hat eine besondere Sensibilität für seine Rolle bei Gleichaltrigen, aber auch in der Gesellschaft. Er schätzt seine Fähigkeiten oft höher ein, als sie tatsächlich sind, und hat den Wunsch, die Welt zu verändern, auch die der Erwachsenen. Montessori bezeichnet diese Altersstufe mit dem Terminus „Zeit des Umbaus" oder als „Phase des sozial Neugeborenen". Der junge Mensch soll sich selbst finden und dafür seine Intelligenz, seine geistigen und körperlichen Fähigkeiten und sein Gewissen benutzen.

Montessori formuliert es hart, aber durchaus präzise: In dieser Gesellschaft sind „Menschen, die Hände, aber keinen Kopf haben, und Menschen, die einen Kopf, aber keine Hände haben ... in gleicher Weise fehl am Platz".[22]

Als Konsequenz daraus stellt sie einen „universellen Lehrplan" auf, der seine Konkretisierung in dem sogenannten „Erdkinderplan" erfährt. Montessori benutzt dafür dieses deutsche Wort, dessen Ursprung ungeklärt ist. Der Name spiegelt ihre kosmischen Gedanken wider: Die Jugendlichen dringen vom Ursprung her in die Kultur ein und setzen damit das um, was die Menschen vom Seßhaftwerden bis zur heutigen Kultur mit Handel und Wirtschaft beabsichtigen.

Der „Erdkinderplan" stellt eine „Schule" in Internatsform dar, in der die Jugendlichen fern von ihrem gewohnten Milieu auf dem Lande, in guter Luft und mit gesunder Ernährung leben. Für den Eigenbedarf werden Lebensmittel produziert, Überschüsse werden verkauft. Mit anderen als den selbst hergestellten Agrarprodukten wird Handel getrieben, und es wird ein kleines Hotel geführt. Produktion und der Gewinn daraus weisen die Jugendlichen in wirtschaftliche Zusammenhänge ein. Dieses Lebensmodell funktioniert weitgehend ohne die Hilfe von Erwachsenen. Die Beobachtung und Pflege der Natur gehört ebenfalls zu diesem „universellen Lehrplan". „Diese Art der Arbeit führt die Kinder mitten ins soziale Leben hinein, gleichzeitig durch Erfahrung und durch Studium."[23]

Eine reale Umsetzung des visionären „Erdkinderplanes" in seinem gesamten Facettenreichtum ist noch nirgends gelungen. Allenfalls in Initiativen wurde versucht, Montessoris Ideen Gestalt zu geben, obwohl es in verschiedenen Ländern Ansätze dazu gegeben hat und gibt. Man ist noch im Versuchsstadium und ist über die Phase des Suchens und der (Schul-)Versuche noch nicht hinaus gekommen. Die nationalen Schulgesetze und Schulstrukturen lassen eine Verwirklichung nicht ohne weiteres zu. Dennoch gibt es Schulen, die im Sinne Montessoris den Sekundarschulabschluß mit der Realschulreife oder dem Abitur abschließen. Der „Erdkinderplan" mit seiner schwärmerischen Vorstellung wurde bei allen Versuchen weitgehend verändert. Vielmehr wird versucht, in anderer methodischer Konzeption einen am sozialen Leben orientierten mündigen Menschen zu erziehen. Der Weg dorthin erschließt neben intellektuellen Studienarbeiten und praktischer Tätigkeit im sozialen Bereich prinzipiell neue Erfahrungsfelder. Dadurch soll, so Montessoris Ziel von Erziehung, erreicht werden, eine neue Generation heranzubilden, die sich dem *sehnsüchtigen Streben* nach Güte und dem Weltfrieden verpflichtet fühlt.

Spezielle methodische Prinzipien

Aufbauend auf der anthropologischen Sichtweise Montessoris, der kosmischen Theorie und der Konzeption der kosmischen Erziehung, ergeben sich folgende spezielle methodische Prinzipien:
– ganzheitliches Lehren und Lernen
– außerschulisches Lernen

- Vielfalt in den Lehr- und Lernformen
- Rolle der Lehrerin/des Lehrers

Auch wenn Montessoris Erziehungspläne für die unterschiedlichen Altersstufen an den jeweiligen Interessen, Sensibilitäten und Fähigkeiten ausgerichtet sind, liegt allen der ganzheitliche Ansatz zugrunde. Auf ihm bauen jegliche Erziehungsziele und -methoden auf. Entgegen den die Regelschule bestimmenden Lehrplänen, bei denen die bekannten Schulfächer – ausgerichtet an den wissenschaftlichen Disziplinen – auf das Niveau der jeweiligen Klassenstufe heruntergekleidet werden, geht Montessori den umgekehrten Weg. So stellt sie die Inhalte nicht isoliert und zusammenhangslos nebeneinander. Oft haben diese Themen der Regelinstitutionen nicht einmal einen Bezug zur Lebenswelt und dem Interessenhorizont des Kindes. Soll dies nicht geschehen, muß das Ganze – so Montessori – im panoramaartigen Überblick gegeben, zumindest aber an ihm ausgerichtet werden. Die Impulsgebung des Lehrers nimmt die Phantasie des Kindes in Anspruch. Es folgt eine sinnlich wahrnehmbare Aufsplitterung oder ein Aufbrechen in Details, um nach Aufarbeitung der Details zur Ganzheit zurückzukehren. Nur so kann die Struktur – die Einheit der Ganzheit – erfaßt werden; nicht durch Addition von isolierten Elementen. Die Details werden dann nach dem Prinzip eines Puzzles zusammengesetzt, um so das Bild des Ganzen zu erfassen. Auch wenn eventuell einige Puzzlesteine fehlen, kann die Struktur des Gesamtbildes erkannt werden (vgl. auch die Forschungsergebnisse von Frederic Vester, Jerome Bruner u. a.).

Die umfassendste Ganzheit, bei der dem Kind geschichtliche, geografische, physikalisch-chemische und soziale Detailkenntnisse angeboten werden, ist Montessoris Geschichte der Entstehung der Erde und des Kosmos. „Eine packende Geschichte der Erde, auf der wir leben; ihren vielen Wandlungen durch lange Zeitalter hindurch, als das Wasser der Hauptarbeiter der Natur ... war ... Veranschaulicht durch faszinierende Karten und grafische Darstellung, entfaltet sich die Schöpfung der Erde, wie wir sie heute kennen; und immer wird die Funktion betont, die jeder im Haushalt der Natur

Wirkende – sei es bewußt oder unbewußt – auszuführen hat."[24] An einem 50 m langen schwarzen Tuchstreifen – oder auch einem farbigen Band – werden die Erdzeitalter und die Entwicklung der Kontinente, der Pflanzen und Tiere bis hin zum Erscheinen des Menschen auf der Erde mit Gegenständen (z. B. Muscheln), Abbildungen, Versuchen etc. veranschaulicht. Jedes Erdzeitalter kann dadurch jederzeit wieder in den Gesamtzusammenhang eingeordnet werden. Der Mensch erscheint bei diesem Streifen erst auf den letzten 4 cm des Bandes. Die Jahrmillionen, die schon auf der Erde vergangen waren, ehe der Mensch erschien, sind für Kinder und Erwachsene außerordentlich beeindruckend.

Weitergehend kann die Entwicklung der Menschheit durch ein neues Band entzerrt werden, bei dem die Entwicklung des Menschen zum Thema gemacht wird und somit eine neue Zeitreise entsteht (z. B. Neandertaler, Alt- und Jungsteinzeit, Babylonier, Ägypter, Griechen).

Neben der Ganzheitlichkeit des Themas in all seinem Facettenreichtum – angepaßt an die jeweilige kindliche Entwicklung – steht die Ganzheitlichkeit des menschlichen Lernprozesses im Blickfeld. Lernen ist nicht nur Kognition, sondern ein mehrdimensionaler Prozeß. Es geht um Erleben und Fühlen, Handeln, Bewegung – und um Wissen und Erkennen. Das Ansprechen nur einer Dimension bewirkt noch keinen Lernfortschritt. Auch das Ansprechen unterschiedlicher Lernkanäle wie Sehen, Hören, Fühlen, Riechen, Schmecken und Aktivität entspricht den verschiedenen Lerntypen und hat Eingang zu finden in die Lehrplanung.

Die Vorbereitung der Erzieherin in einer Montessori-Einrichtung ist eine andere als in den herkömmlichen Institutionen. Da es auf die Weckung von Interesse ankommt, muß das Interesse vorbereitet werden, „denn ein ‚Bauplan ohne Fundament‘ kann nicht zu einem zufriedenstellenden Ergebnis führen. Reine Fakten interessieren das Kind nicht, aber es interessiert, wie diese Fakten entdeckt werden und entdeckt worden sind. Das Kind ist eben wirklich von klein auf ein neugieriges und forschendes Wesen."[25] Um die Lernbegierde nicht im Keim zu ersticken, kommt es auf die Lehrmethode mit den Impulsen zur Interessenbildung an. Es geht also nicht um Lehrstoffvermittlung, sondern um das entdeckende Lernen in einer vorbereiteten, ausgewählten Umgebung. Für den Erzieher liegt die Schwierigkeit darin, gleichsam tote oder ungeklärte Sachverhalte in lebendige Handlungen zurückzuwandeln: physikalische Gesetze in Probleme, Gegenstände in Erfindungen, Fakten in ihre Entdeckung u. a. m.

Montessori spricht auch vom exemplarischen Lehren und Lernen, obwohl sie selbst diesen Begriff nicht benutzt. Aus der Fülle der Themen (Ganzheiten) muß ausgewählt werden. Wie und was der Pädagoge auswählt, bestimmt die Interessenrichtung. So fragt Montessori unter vielen Beispielen, z. B. zum See, folgendes: „Ist es nötig, wenn man auf einen Fluß oder einen See stößt, alle Flüsse und Seen der Welt zu sehen, um zu wissen, was das ist?"[26]

Im Zusammenhang mit exemplarischem Lernen weist sie an vielen Stellen auf das heute mit dem Terminus „außerschulisches Lernen" belegte Verlassen des Klassenraumes hin. Die Bedeutung des Verlegens des Lernortes nach draußen ist in einem Beispiel belegt, das Montessori in Indien hatte. Eine Lehrerin beklagte sich bei Maria Montessori über ein Problem, daß sie bei der Eröffnung einer Schule hatte: „Wir haben nicht genügend Material." Darauf erwiderte Montessori sinngemäß: „Geht mit den Kindern 'raus und Ihr habt die ganze Welt." Ohne Begegnung mit der Wirklichkeit ist keine an der Realität orientierte Vorstellungskraft (Imagination) zu entwickeln. Das außerschulische Lerngeschehen ist für das Kind persönlich wichtig und bedeutsam, da es auf diese Weise eigene Interessenschwerpunkte aufbauen kann. Erfahrungen sammeln kann nur jeder für sich selbst. Subjektive Wahrnehmungs- und Deutungsmuster ergeben die Vielfalt innerhalb der Gruppe. Ein Erfahrungsaustausch muß sich anschließen. Dennoch wird dabei nicht eine homogene Erfahrungsbasis vorausgesetzt, obwohl das gemeinsame Erleben von Realbegegnungen und -situationen die Heterogenität von Vorerfahrungen relativieren will. Montessori unterscheidet in ihrem

„going-out" nicht zwischen eigens für Lernzwecke geschaffenen Lernorten (primäre Lernorte wie Lernzentren in Zooschulen und botanischen Gärten) und am Gemeinwesen orientierten Einrichtungen (sekundäre Lernorte wie Bäcker und Wochenmarkt). Für sie spielt es keine Rolle, welche Lernorte in einem erzieherischen Zusammenhang ausgewählt werden, der Lernzweck ist entscheidend: Erkundungsgänge, Exkursionen oder einfach nur Spaziergänge geben Lernanlässe für Kinder, sich ein Thema allein, in der Klein- oder Großgruppe selbständig zu erarbeiten. (Motto: „Die Bäume strömen etwas aus, was zur Seele spricht, etwas, was kein Buch und kein Museum vermitteln könnte." [Maria Montessori])

Geradezu entgegengesetzt zu seiner *Rolle* in den Zeiten der Freien Arbeit, hat der *Erzieher/Lehrer* innerhalb der Kosmischen Erziehung, d. h. in der Regel im gebundenen Unterricht, eine ganz andere Funktion. Hier kann er sein gesamtes Methodenrepertoire zeigen. Durch sein Vordenken und seine Methodenkompetenz hat er die Aufgabe, die Kinder an der „geistigen Neuschaffung der Welt" zu beteiligen. „Die kosmische Erziehung lebt davon, daß der Lehrer den Schüler viel und gern erzählt. Es ist eine Form, einfache und komplizierte Vorgänge in der Welt den Kindern mitzuteilen. Sie werden sie so verstehen und so verarbeiten, wie es ihnen individuell möglich ist."[27] Je spannender der Lehrer erzählen kann, desto größer wird das Interesse und die Neugier, sich in neue, unbekannte Sachverhalte hinzudenken und einzuarbeiten. Durch seinen „panoramaartigen Überblick" wird die Ganzheit vorgegeben oder zumindest angeregt. Das Aufbrechen in das Detailstudium ist von der breitgefächerten Skala der Lehrformen des Lehrers und den Lernformen der Altersstufe der Kinder abhängig. Hier hat der Lehrer die Möglichkeit, seine methodischen Kompetenzen zu beweisen. Doch die mediale und zeitliche Vorbereitung ist nicht zu unterschätzen. Auch der notwendige finanzielle Rahmen ist zu berücksichtigen. Ebenfalls spielt der Standort der Institution eine Rolle (z. B. Stadt mit kultureller Vielfalt oder Einrichtung in ländlicher Region).

6. Würdigung und Kritik

Maria Montessori hat mit ihrer Pädagogik zu Beginn des 20. Jahrhunderts neue Maßstäbe für das Handlungsfeld vorschulischer und schulischer Erziehung gesetzt. Ihr pädagogisches Konzept nimmt in beispielloser Weise die kindliche Individualität ernst. In stufenweiser Freigabe von Freiheit und Selbsttätigkeit soll das Kind Selbstdisziplin und Selbstvertrauen lernen. Dafür bedarf es als Voraussetzung der Gerechtigkeit. Sie ist die Freiheit und Würde des Nächsten, also auch des Kindes. Der Erwachsene hat demnach die Aufgabe, die Gleichwertigkeit der beschützenden und zugreifenden Verhaltensformen an dieser Prämisse auszurichten. Das Recht des Stärkeren (des Erwachsenen bzw. der Gruppe) darf nicht über das Recht des Individuums herrschen.

Dieser individualistische Ansatz stieß ideengeschichtlich und sozialgeschichtlich auf erheblichen Widerstand und Abneigung, ganz besonders in Deutschland. Gleichzeitig gab es – genauso wie heute – glühende VerehrerInnen und AnhängerInnen. Diese stark emotional gefärbten Auseinandersetzungen bezogen sich aber nicht nur auf die Einzelpersonen, sondern auch auf Regierungsformen. Den politischen Machthabern mit Totalitätsansprüchen – Faschismus und Kommunismus – war das auf das Individuum ausgerichtete Erziehungsziel Montessoris ein Dorn im Auge. Deshalb wurde die Montessori-Pädagogik aus ideologischen Gründen totgeschwiegen, ausgemerzt oder verboten.

Die Gegnerschaft von Einzelpersonen bezog sich noch auf andere Kritikpunkte, die teilweise von Montessori selbst initiiert wurden. Da ist einerseits ihr Vokabular für bestimmte Phänomene zu nennen. Oft gab sie diesen Phänomenen Begriffe, die aus anderen Fachgebieten, meist der Biologie und Medizin, stammten und dort andere Bedeutungen besaßen. Dies führte häufig zu Mißverständnissen und Mißdeutungen.

Hinzu kam, besonders in Deutschland, die nur schleppende Veröffentlichung ihrer Altersschriften. Viele Kritiker beziehen sich – auch heute noch – auf Schriften und Aussagen Montessoris, die sie hauptsächlich in den 20er oder 30er Jahren verfaßte. Werden dagegen die neueren Veröffentlichungen durchgearbeitet, muß Montessori in einem anderen Licht gesehen werden. Bei der Literaturrecherche muß chronologisch und additiv vorgegangen werden, da erst nach und nach weitere Gedankengänge Montessoris veröffentlicht werden. Sie geben allmählich Aufschluß über ihre Gesamtkonzeption. Montessori hat im Lauf ihrer langen Schaffensperiode Wandlungsprozesse durchgemacht und ihre Auffassungen verändert. Während sie bis etwa 1935 mehr dem Einzelwesen zugetan war, richtete sie im Spätwerk ihr Augenmerk verstärkt auf die Menschheit selbst (La Nazione Unica).

Die modernen Entwicklungspsychologen wie z. B. J. Piaget, L. Wygotski und L. Kohlberg, die die Entwicklung als kognitivgenetischen Prozeß in Verbindung mit der Umwelt ansehen, stimmen mit Montessoris Auffassung über die kindliche Entwicklung zumindest in grundlegenden Aussagen überein. Ein lernpsychologisch ausgerichteter Blick auf Montessoris Werk findet in den neueren Prinzipien zu Arbeitsverhalten und Lernen sowie zu Motivationsproblemen eine Entsprechung. Überall werden heute entsprechende Forderungen aufgestellt, die Montessori nur mit anderen Begriffen belegte. Benutzt man die gegenwärtigen Termini, so ranken sich Montessoris pädagogische Zielvorstellungen um die Gesichtspunkte Abbau der Lehreraktivitäten zugunsten einer Akzentverlagerung auf Kindorientierung, Sorge für ein gutes Schulklima und eine angenehme Klassenraumatmosphäre. Gleichfalls geht es Montessori um eigenaktives Lernen auf der Grundlage von Handlung und daraus aufbauender Erfahrung, Rücksicht auf individuelles Lerntempo, sachliche Selbstkontrolle bei den Arbeiten, um so intrinsische Motivation aufbauen zu können. Außerdem setzt sie sich für die Öffnung der Einrichtung und damit das Einbeziehen außerschulischer Lernorte und für das Lernen-Lernen ein. Diese so modern anmutenden Termini lassen sich bereits in den frühen Werken Montessoris nachweisen.

In mehreren deutschen Regelwerken zur Bildungspolitik finden sich Ideen von Montessori wieder. In den thesenartigen Aussagen werden sie bewußt pointiert dargestellt, um so noch einmal Montessoris pädagogisches Erziehungskonzept zu würdigen. Nichtsdestoweniger muß sich die Montessori-Praxis unter Hinzuziehung der einzelnen Fachdidaktiken weiterentwickeln, um nicht apologetenhaft diese Pädagogik dort stehenzulassen, wo sie 1952 beim Tode Montessoris stand. Sie selbst warnte sinngemäß: Schaut nicht auf meinen Finger, der euch die Richtung weist, ihr vergeßt dabei das Kind (und die gegenwärtige und zukünftige Entwicklung).

7. Kurze Zusammenfassung
der Montessori-Pädagogik in zwölf Thesen

1. Seit etwa 20 Jahren erfährt die Montessori-Pädagogik weltweit und interkulturell eine Renaissance. Sie ist auch heute noch eine pädagogische Antwort auf die Erziehungsprobleme der Gegenwart und der Zukunft, insbesondere auf die fortschreitende Globalisierung.

2. Die Montessori-Pädagogik ist kein statisches und in sich geschlossenes System. Sie ist vielmehr eine offene theoretische Konzeption, deren Vorgaben und Prinzipien es erlauben, sowohl auf neuere wissenschaftliche Entwicklungen wie auf die heutigen Anforderungen pädagogischer Praxis zu antworten.

3. Montessoris Konzeption der sensiblen Phasen und des absorbierenden Geistes – zwei zentralen Aspekten ihres theoretischen Ansatzes – wird durch neueste Forschungsergebnisse unterschiedlicher Fachrichtungen bestätigt.

4. Maria Montessori war die erste Pädagogin, welche forderte, die Ökologie in die Erziehungspläne zu integrieren, und dies in ihrer Konzeption der Kosmischen Erziehung verwirklicht hat.

5. Umstritten bleibt, ob Montessoris Auffassung, der Mensch steuere allein mit seinem freien Willen sein Handeln, nicht widersprochen werden muß. Einschränkend muß angemerkt werden, daß starke Emotionen den freien Willen blockieren (können).

6. Maria Montessoris Interesse galt nicht vordergründig einer Reform der Institution Schule, sondern der Umgestaltung und Reform der Erziehung insgesamt, und zwar von der Geburt bis zum jungen Erwachsenen.

7. Dem öffentlichen deutschen Erziehungssystem fehlt der rote Faden. Die Erziehung wird – besonders im Schul-

system – zerstückelt. Es werden einzelne Häppchen und Puzzlesteine angeboten, wobei dem Kind zugemutet wird, diese für sich zu integrieren und zu einem Gesamtbild zusammenzusetzen. Die Montessori-Pädagogik gibt Orientierungshilfen in diesem gegenwärtigen Erziehungsvakuum.

8. In der Erzieher- und Lehrerausbildung steht die Theorie, wie das fiktive Durchschnittskind ist, im Vordergrund. Der tatsächlichen Beobachtung von Kindern wird kein oder nur sehr wenig Raum eingeräumt. Auch die Binnendifferenzierung kann diesen Mißstand allein nicht beheben. Maria Montessori schärft den Blick des Erwachsenen für die Lernbedürfnisse und Lernwege des einzelnen Kindes. Ihre Pädagogik setzt eine tatsächliche Orientierung am Kind um.

9. Die den deutschen Montessori-Einrichtungen gemachten Auflagen und die bestehenden gesetzlichen Regelungen führen häufig zu halbherzigen Kompromißlösungen. International sieht es mit den Realisierungschancen der Montessori-Pädagogik größtenteils besser aus.

10. Wer die Montessori-Pädagogik allein auf materialgeleitetes und -gestütztes Lernen reduziert, verkennt Montessoris Konzept der Erziehung. Das Entwicklungsmaterial hat seinen berechtigten Stellenwert, das entscheidende Merkmal ist jedoch die veränderte Haltung und Rolle des Erwachsenen, um über die Selbsttätigkeit des Kindes zur Selbständigkeit und schließlich zur Verantwortung für sich selbst, für andere und der gegenständlichen Welt gegenüber zu führen.

11. Der Aktualitätsgrad der Montessori-Pädagogik zeigt sich indirekt in den gegenwärtigen Rahmenrichtlinien für Regelschulen, besonders für die Grundschulen. So sind heute geforderte und geförderte Schlagwörter wie Freiarbeit, Verzicht auf Notenzeugnisse, Sorge um das benachteiligte Kind, die Bedeutung außerschulischer Lernorte, Hand-

lungsorientierung und Differenzierung von Lernprozessen bis hin zur Individualisierung durch Förderunterricht bereits in Montessoris Erziehungskonzept enthalten.

12. Es ist die Erzieherpersönlichkeit, die – wie in allen pädagogischen Handlungsfeldern – über Erfolg oder Mißerfolg der pädagogischen Konzeption entscheidet. Das Engagement des Erziehenden für das Kind und die Interpretation seiner Rolle als Hauptmedium im Erziehungsprozeß gibt den Ausschlag für die erfolgreiche Umsetzung von Theorie und Praxis. Das gilt auch für die Montessori-Pädagogik.

8. Glossar

Der absorbierende Geist

Der absorbierende Geist ist eine sich qualitativ grundlegend von der des Erwachsenen unterscheidende, nicht willentliche „Geistesform" des Kleinkindes, die vorrangig von der Geburt bis zum Alter von zwei bis drei Jahren von Bedeutung ist und sich mit zunehmender Entwicklung des Gedächtnisses und des Bewußtseins verliert.

Der absorbierende Geist vermag kraft unbewußter, schöpferischer Intelligenz und innerer Sensibilitäten die Umwelt mit all ihren Aspekten wie zum Beispiel Kultur und Sprache ganzheitlich in sich aufzunehmen. – Das Kind absorbiert die Umgebung und verändert sich in Harmonie mit dieser. Die Aktivität des Kindes liegt in dieser Zeit noch nicht in der Bewegung, sondern einzig in der Psyche, deren Entwicklung Voraussetzung für die Bewegung ist.

Dieses Anpassungsvermögen ist eine im Gegensatz zum festgelegten tierischen Verhalten spezifisch menschliche Eigenschaft, die den Aufbau freier Verhaltensweisen anstelle vererbter Verhaltensmuster ermöglicht.

Drei-Stufen-Lektion

Sie ist eine spezielle lehrgangsartige Methode, die dem Kind das Verstehen des Materials erleichtern soll. Gleichzeitig zeigt sie dem Erzieher an, inwieweit das Verständnis des Kindes geht.

Bewirkt wird mit dieser methodischen Maßnahme außerdem eine passive und aktive Wortschatzerweiterung. Sie findet vor allem bei Sinnesmaterialien und im Bereich der Grammatik Anwendung. Die Stufen sind:
1. Stufe: Definition: „Das ist ..."
2. Stufe: Reproduktion: „Bitte gib mir ..."
3. Stufe: Abstraktion: „Was ist das?"

Kosmische Erziehung

„Bei der (...) ‚Kosmischen Erziehung' geht es (...) um ein didaktisch-methodisches Programm für die Erschließung und den Wirkraum, wobei sie besonders auf die Erkenntnis der vielfältigen, letztlich alles umfassenden Zusammenhänge zielt." (Böhm) Grundlage für diesen Begriff ist die Idee der Kosmischen Theorie. Diese erkennt in der ganzen Schöpfung einen einheitlichen Plan, von dem nicht nur die verschiedenen Formen der Lebewesen, sondern auch die Entwicklung der Erde selbst abhängt. Das Leben schreitet nach einem kosmischen Plan voran, und der Sinn des Lebens ist nicht, Vollkommenheit auf einer unbegrenzten Bahn des Fortschritts zu erlangen, sondern einen Einfluß auf die Umgebung auszuüben und ein bestimmtes Ziel (Harmonie) in ihr zu erreichen. Im großen und ganzen ist die kosmische Erziehung durch die drei Schwerpunkte der Gegenstandsorientiertheit, der Ganzheitsorientiertheit und des sittlichen Weltauftrags charakterisiert:

So wie der Körper Nahrung gegen den Hunger benötigt, so braucht der Geist reale Gegenstände, mit denen er sich beschäftigen kann und an denen er erste Ordnungen, die sich später bis auf Weltzusammenhänge ausdehnen können, erfassen kann.

Ausgehend von der Vorstellung, daß alle Dinge des Universums irgendwie miteinander verbunden sind, wird vorausgesetzt, daß ein Mensch sich nur dann vollständig entfalten kann, wenn er die Möglichkeit hat, sich mit der Ganzheit der Welt auseinanderzusetzen. Methodisch bedeutet das, daß dem Kind Details angeboten werden sollen, die erkennbar ein Teil des Ganzen darstellen. So führt die intensive Beschäftigung mit einer Pflanze zu einer Vorstellung über die Gesamtheit der Pflanzen der Welt.

Der Mensch, das einzige Lebewesen, das sich seiner kosmischen Aufgabe bewußt sein kann, hat sich mit seiner ganzen Kraft dafür einzusetzen, die Natur so umzuwandeln, daß diese dem Menschen mit der dazugehörigen Kultur einen idealen Lebensraum bietet.

Materialisierte Abstraktion

Die materialisierte Abstraktion ist eine im Sinnesmaterial verkörperte Beschaffenheit („materialisierte Eigenschaft" wie z.B. Gewicht, Farbe, Form), von der das Kind auf den allgemeinen Begriff losgelöst vom Gegenstand, dem Material, schließen kann.

Polarisation der Aufmerksamkeit

Eine in jedem Kind als tiefes inneres Bedürfnis angelegte besondere Form der Konzentration, die ganzheitlich die natürliche Persönlichkeitsentwicklung beim Kind bewirkt. Gekennzeichnet ist dieses geistige Phänomen durch innere Abgeschlossenheit (Versunkenheit), Selbsttätigkeit (im Sinne von Selbständigkeit) und Wiederholung.

Voraussetzung für das Zustandekommen der Polarisation der Aufmerksamkeit ist die vorbereitete Umgebung, die dem Kind die Möglichkeit bietet, eine geordnete Tätigkeit mit einem seiner sensiblen Phase entsprechendem Material auszuüben.

Die Polarisation der Aufmerksamkeit geschieht in drei Stufen:
1. Vorbereitung (leichtere Arbeit oder äußere Vorbereitung der Umgebung)
2. „Große Arbeit" (absolute Konzentration, Versunkenheit und Unablenkbarkeit, Wiederholung und Übung)
3. Zuwendung zur Außenwelt (Kennzeichen: Offenheit, Heiterkeit, Ausgeglichenheit, Gesprächsbereitschaft)

Die Entdeckung des Phänomens der Polarisation der Aufmerksamkeit ist Grundlage der von Montessori entwickelten Methode und der gesamten Pädagogik.

Diese besondere Form der Konzentration ist nicht Voraussetzung, sondern Ergebnis des intensiven Einlassens auf eine Arbeit oder Bewegung.

Psychischer und geistiger Embryo

In der Altersstufe von der Geburt bis hin zum dritten Lebensjahr spricht Montessori beim Menschen vom psychischen und geistigen Embryo. Diese postnatale formative Phase ist eine embryologisch aufbauende Lebensperiode, die das Kind ein geistiger Embryo sein läßt. Als eher kontemplatives Wesen (in diesem Zeitraum) ist das Kind scheinbar passiv, sein Bewußtsein und seine schöpferischen Energien entwickeln sich auf Kosten der Umwelt.

Während dieser Aufbauphase liegt das Hauptgewicht auf der Umgebung, von der Aktivität ausgehen muß. Das Kind absorbiert die Welt, im Gegensatz zu den Erwachsenen heißt das, daß es sich den Umweltbedingungen voll und ganz anpaßt bzw. sie sich einverleibt. Dafür spricht auch, daß die Ereignisse an sich nur gespeichert werden, denn erst mit Ende dieser Phase setzt das Ich-Bewußtsein ein.

Sensible Phasen

Die sensiblen Phasen sind Empfänglichkeitsperioden, die in der Kindheit der Lebewesen auftreten. Sie sind von vorübergehender Dauer und dem Erwerb bestimmter Tätigkeiten gewidmet. Das Wirken der sensiblen Phasen initiiert einen Lernprozeß, an dem Sensibilitäten oder aufbauende schöpferische Potenzen einerseits und Erfahrungen andererseits zusammenfallen. Montessori unterscheidet zwischen positiven und negativen Anzeichen für das Auftreten einer sensiblen Phase. Gelingt dem Kind nach altersadäquater Freigabe seiner Aktivitäten und Erfahrungsmöglichkeiten in der vorbereiteten oder natürlichen Umgebung ein Einlassen auf den Gegenstand oder die Bewegung, führt das zur Konzentration. Wird dem Kind sein inneres Bedürfnis zu dieser Tätigkeit – aus welchen Gründen auch immer – verweigert, führt dies oft zu Frustration, Aggression und Launenhaftigkeit.

Sinneserziehung

Unbewußte und sprachlich bisher nicht gefaßte Sinneseindrücke werden durch gezielt konstruierte und ausgewählte Materialien auf der Grundlage der materialisierten Abstraktion erfahren und über die Anwendung von Erfahrung auf die Wirklichkeit übertragen. Vorrangig geht es bei den Sinnesübungen um ein Ausdifferenzieren und eine Kultivierung der Wahrnehmung. Das Kind lernt, aus der Vielfalt der es umgebenden Reize und Wahrnehmungen zu vergleichen, zu unterscheiden, zu benennen und zu ordnen. Durch die Sinneserziehung erhalten die Kinder Ordnungsgesichtspunkte für ihre Sinneseindrücke, wobei das Material den „Schlüssel" zu differenzierten Umwelterfahrungen darstellt.

Soziales Neugeborenes

Das ist die Bezeichnung für das sieben- bis zwölfjährige Kind, das sich in einer für es spezifischen Gesellschaftsform gewollt gruppiert. Sie ist gekennzeichnet von bewußter Organisation, freiwilligem Gehorsam und freiwilliger Unterordnung unter Anführer und Regeln.

Übungen des praktischen Lebens

Die Übungen des praktischen Lebens beziehen sich auf Aktivitäten im Kinderhaus. Sie werden in drei Gruppen eingeteilt, z. B.
1. Übungen zur Pflege der eigenen Person: an- und ausziehen, Zähne putzen, Haare bürsten, Hände waschen usw.
2. Übungen, die dem Umgang mit anderen Personen zugeordnet sind: andere begrüßen, empfangen, bewirten.
3. Übungen, die auf die Pflege der Umgebung abzielen: Tisch decken, spülen.

Übergeordnetes Ziel der Übungen des praktischen Lebens ist die Förderung der Strukturierung der Persönlichkeit, der sozialen Kompetenz und der Unabhängigkeit des Kindes. Hierzu gehört vor allem die Entwicklung der Vernunft und des verantwortungsbewußten Handelns (sich und anderen gegenüber), die im alltäglichen Leben am natürlichsten zur Geltung kommt. Hat das Kind die Möglichkeit, Tätigkeiten auszuführen, die auch in der Welt der Erwachsenen von Bedeutung sind, kommt es (aus innerem Antrieb und Ehrgeiz heraus) zu echter Vollkommenheit und Geschicklichkeit, was wiederum tiefe Zufriedenheit beim Kind zur Folge hat, da es das Höchste, dessen es fähig ist, gegeben hat.

Erstaunlich ist, daß das Kind von sich aus besonderen Wert auf die Art und Weise, ein Ziel zu erreichen bzw. eine Tätigkeit auszuführen, legt. Diesem Phänomen wird die „Analyse der Bewegungen" gerecht, wonach die aufeinanderfolgenden, jedoch voneinander sehr verschiedenen Schritte einer komplexen Handlung zu erkennen und dann exakt und getrennt auszuführen sind. Gegenstände, die den Kindern als Übung zur Analyse der Bewegungen dienen, sind z. B. Übungen zum Schleifebinden.

Die Übungen des praktischen Lebens müssen von einer Leiterin eingeführt werden, die sie gemäß der Analyse der Bewegungen dem Kind zunächst in sparsam ausgeführten Bewegungen vormacht. Die sensible Phase für solche Übungen liegt zwischen dem dritten und vierten Lebensjahr.

Vorbereitete Umgebung

Sie soll unter Bereitstellung von Raum und Mitteln eine den kindlichen Sensibilitäten entsprechende Anregungswelt für das Kind schaffen, die seinen Bedürfnissen und Neigungen kontinuierlich gerecht wird und kindliche Aktivitäten anregt.

Die nach folgenden Prinzipien gestaltete didaktische Umwelt soll die kindliche Aktivität auf die Dinge in ihr lenken und durch sie progressiv weiterführen im Sinne eines strukturierenden Lernens:

Kontinuität: Die Prinzipien der einzelnen Perioden müssen in einem sukzessiv weiterführenden inneren Verhältnis zueinander stehen.

Umgebung von progressiven Interessen: Die Umgebung muß den Neigungen und dem Entwicklungsstand des Kindes entsprechen, es herausfordern und einen weiterführenden Lernprozess bewirken.

Einfache Strukturen: Die vorbereitete Umgebung (und das Material) muß klar gegliedert, überschaubar und die maximale Selbständigkeit fördernd sein, um dem Kind die innere Ordnung und Orientierung zu erleichtern.

Interessante Aktivitätsmomente: Die vorbereitete Umgebung muß durch ein reiches Angebot Aufforderungscharakter zum Handeln besitzen.

Freie Wahl und Bewegung: Dem Kind muß die Freiheit der Bewegung und Initiative gegeben werden, damit es seine eigene freie Wahl und die Möglichkeit zur spontanen Arbeit hat.

9. Anmerkungen

1. Die Lebensgeschichte

1 Kramer, Rita: Maria Montessori, (TB) Frankfurt/M. 1983, S. 25
2 Böhm, Winfried: Maria Montessori, Bad Heilbrunn 1991, S. 42
3 Böhm, Winfried: a. a. O., S. 42
4 Kramer, Rita: a. a. O., S. 33
5 Böhm, Winfried: a. a. O., S. 42
6 Schröder, Peter W.: Das große Glück der Lena Lieba Gitter Rosenblatt, Graz, Wien, Köln 1996, S. 222
7 Böhm, Winfried: a. a. O., S. 44
8 Kramer, Rita: a. a. O., S. 62
9 Böhm, Winfried: a. a. O., S. 45
10 Kramer, Rita: a. a. O., S. 139 f.
11 Montessori, Maria: Schule des Kindes, Freiburg 1976, S. 69
12 Ebenda, S. 70
13 Böhm, Winfried: a. a. O., S. 53
14 Diese Aussage Montessoris schickte mir Günter Schulz-Benesch nach meinem Gespräch mit ihm.
15 Kramer, Rita: a. a. O., S. 428

2. Werk, Schrifttum und Verbreitung

1 Waldschmidt, Ingeborg: Verwehte Spuren der Montessori-Pädagogik in Berlin, in: Grunewald, Clara: Das Kind ist der Mittelpunkt, Ulm 1995
2 Ausführlich sind die Kritikpunkte (u. a. Naturalismus, Intellektualismus, Individualismus) nachzulesen bei Schulz-Benesch, Günter: Streit um Montessori, Freiburg 1961.
3 Quelle: Mitteilung vom 12. 4. 1999 auf eine Anfrage bei der Fa. Nienhuis/Zelhem (Niederlande), die die autorisierten Montessori-Materialien herstellt und exportiert.

3. Anthropologische Grundpositionen

Maria Montessoris Menschenbild

1 Die erwähnte Anthropologie liegt bisher nicht in deutscher Übersetzung vor. Hildegard Holtstiege kommt das Verdienst zu, das Menschenbild bei Maria Montessori aus Sicht des Gesamtwerkes dargestellt zu haben (vgl. auch Holtstiege, Hildegard: Das Menschenbild bei Maria Montessori, Freiburg 1999).
2 Holtstiege, Hildegard: Freigabe zum Freiwerden. Freiburg 1997, S. 23

3 Montessori, Maria: Kinder sind anders, Frankfurt/M. 1980, S. 51
4 Montessori, Maria: Das kreative Kind, Freiburg 1984, S. 52
5 Ebenda, S. 52
6 Montessori, Maria: Psico Geometria, Barcelona 1934. Vorwort. Das Werk liegt nicht in deutscher Sprache vor. Übersetzung Ingeborg Waldschmidt und Jan van de Kerkhof.
7 Ebenda, Vorwort
8 Ebenda, Vorwort
9 Ebenda, Vorwort
10 Ebenda, Vorwort
11 Lichtenstein-Rother, Ilse, zitiert in: Röbe, Edeltraud: I. L.-R. – Erinnertes für morgen; in: Grundschule 6/1997
12 Der Originalsatz lautet: „Hjälp mig att finna mig själv." Er stammt von einem Werbeplakat der schwedischen Montessori-Gesellschaft.
13 Montessori, Maria: Entdeckung des Kindes, Freiburg 1969, S. 63 f.

Grundpositionen der Montessori-Pädagogik

1 Vgl. u. a. Key, Ellen: Das Jahrhundert des Kindes, 1900 (schwedische Erstausgabe), 1902 (deutsche Übersetzung)
Auch Jean Piaget vertrat in seinen Forschungen diesen Ansatz.
2 U. a. Dichgans, J.: Die Plastizität des Nervensystems. Konsequenzen für die Pädagogik, in: Z. f. Päd., Jg. 40 (1994), S. 229–246
Vester, F.: Denken, Lernen, Vergessen, München 1978
3 Montessori, Maria: Das kreative Kind, Freiburg 1972, S. 23
4 Montessori benutzt diesen Terminus erstmals 1946 (deutsch 1949) in ihrem Spätwerk: Education for a New World, deutsch: Erziehung für eine neue Welt, Freiburg 1998
5 Oswald, Paul/Schulz-Benesch, Günter: Grundgedanken der Montessori-Pädagogik, Freiburg 1967, S. 46 ff.
6 Vgl. Malson, L./Hard, J./Mannoni, O.: Die wilden Kinder, Frankfurt/M. 1972, und Truffauts Film „Der Wolfsjunge"
7 Montessori, Maria: Psico Geometria, a. a. O., Vorwort
8 Montessori, Maria: Das kreative Kind, a. a. O., S. 110
9 Montessori, Maria: Psico Geometria, a. a. O., Vorwort
Die oft formulierte Aufforderung an das Kind: „Nun konzentriere dich doch!" kann nach Montessori nur mit der Frage beantwortet werden: „Wie kann ich mich über einen anderen Menschen hinweg konzentrieren?"
10 Montessori, Maria: Schule des Kindes, a. a. O., S. 204
11 Montessori, Maria: Das kreative Kind, a. a. O., S. 108 ff. (Kap. „Appell der Sprache")
12 Stein, Barbara: in: Handlexikon zur Montessori-Pädagogik, Ulm 1997, S. 164
13 Montessori, Maria: Kinder sind anders, a. a. O., S. 27

4. Methodische Grundpositionen

Die veränderte Rolle des Erwachsenen: Eltern, Erzieher, Lehrer

1 Montessori, Maria: Die geistige Vorbereitung des Lehrers, in: Blätter der internationalen Montessori-Gesellschaft, 1/1932, S. 29
2 Montessori, Maria: Das kreative Kind, a. a. O., S. 254
3 Montessori, Maria: Grundlagen meiner Pädagogik, 7. Aufl., Heidelberg 1988, S. 7

Freiarbeit und Altersmischung

1 Montessori, Maria, in: Werkbrief 23 (1985), Heft 4, S. 122 f.
2 Montessori, Maria: Grundlagen meiner Pädagogik, a. a. O.
3 Das Beispiel stammt von F. J. J. Buytendijk (1952), zitiert in: Klein-Landeck, Michael: Freie Arbeit bei Maria Montessori und Peter Petersen, Münster 1997, S. 79.
4 Ausspruch von Hans Elsner, Rektor a. D. der Kölner Montessori-Schule
5 Klein-Landeck, Michael: a. a. O., S. 75

5. Die Kosmische Erziehung

1 Kratchowil, Montessori Werkbrief 29 (1991), Heft 2, S. 70
2 Montessori, Maria: Kosmische Erziehung, Freiburg 1988, S. 19 f.
3 Vortrag auf dem Indischen Montessori-Kurs 1939 (zitiert in: Kosmische Erziehung, a. a. O., S. 12)
4 Ebenda, S. 29
5 Ebenda, S. 28
6 Ebenda, S. 28
7 Montessori, Mario (jun.), in: Kosmische Erziehung, a. a. O., S. 171
8 Die Bedeutung der Erziehung für die Verwirklichung des Friedens, in: Montessori, Maria: Frieden und Erziehung, Freiburg 1973 (Kapitelüberschrift)
9 Montessori, Maria: Die Macht der Schwachen, Freiburg 1989, S. 15
10 Oswald, Paul: Kosmische Erziehung . . ., in: Scheid, Paul/Weidlich, Herbert: Beiträge zur Montessori-Pädagogik 1977, Stuttgart 1977, S. 124 ff.
11 Ebenda, S. 124
12 Montessori, Maria: Kosmische Erziehung, a. a. O., S. 38
13 Ebenda, S. 38
14 Montessori, Mario (jun.): Erziehung zum Menschen. Montessori-Pädagogik heute, München 1977, S. 138
15 Montessori, Maria: Von der Kindheit zur Jugend, Freiburg 1966, S. 45
16 Ebenda, S. 38

17 Ebenda, S. 47
18 Vgl. Martin Wagenschein mit seinem Begriff des Exemplarischen und das fiktive Interview zwischen Maria Montessori und M. Wagenschein, in: Holtz, Axel: Grundlagen der Kosmischen Erziehung, Ulm und Münster, 1998
19 Montessori, Maria: Von der Kindheit zur Jugend, a.a.O., S. 90. – Vgl. auch Martin Wagenschein (1959), Frederik Vester, Jerome Bruner, die von ähnlichen Annahmen ausgehen. (Vernetzung von Gehirnstrukturen)
20 Wagenschein, Martin: Zum Begriff des Exemplarischen Lehrens, Weinheim 1959, S. 5
21 Montessori, Maria: Von der Kindheit zur Jugend, a.a.O., S. 47
22 Montessori, Maria: Kosmische Erziehung, a.a.O., S. 131
23 Montessori, Maria: Von der Kindheit zur Jugend, a.a.O., S. 104
24 Vgl. Montessori, Maria: Kosmische Erziehung, a.a.O., S. 36
25 Montessori, Maria: Kinder, Sonne, Mond und Sterne, hrsg. v. Becker-Textor, Ingeborg, Freiburg 2000, S. 107
26 Montessori, Maria: Kosmische Erziehung, a.a.O., S. 119
27 Elsner, Hans: „Erzählstoff" zur „Kosmischen Erziehung", in: Werkbrief 1990, Heft 3

10. Literaturhinweise (eine Auswahl)

Biographien

Kramer, Rita: Maria Montessori – Leben und Werk einer großen Frau, München 1977 (TB, Frankfurt/M. 1995)
Standing, E. M.: Maria Montessori – Leben und Werk, Frankfurt/M. o. J.

Primärliteratur

Die Entdeckung des Kindes, Freiburg 1969, 1997 (vorher: *Selbsttätige Erziehung im frühen Kindesalter*, Stuttgart 1913)
Mein Handbuch, Stuttgart 1922, überarb. Aufl. 1928
Kinder sind anders, Stuttgart 1952, 1993
Das kreative Kind – der absorbierende Geist, Freiburg 1972, 1998
Frieden und Erziehung, Freiburg 1973
Schule des Kindes, Freiburg 1976
Von der Kindheit zur Jugend, Freiburg 1973
Spannungsfeld Kind-Gesellschaft-Welt, Freiburg 1979
Kosmische Erziehung, Freiburg 1988, 1995
Die Macht der Schwachen, Freiburg 1989, 1992
Dem Leben helfen, Freiburg 1992
Erziehung für eine neue Welt, Freiburg 1998
Erziehung zum Menschen, Frankfurt/M. 1997
Grundlagen meiner Pädagogik, Wiebelsheim 1996
Kinder lernen schöpferisch, Freiburg 2000
Kinder richtig motivieren, Freiburg 1999
Lernen ohne Druck, Herder 1999
Psychogeometrie, Freiburg 1997
Wie Kinder zu Konzentration und Stille finden, Freiburg 1999
Wie Lernen Freude macht, Freiburg 1999

Sekundärliteratur

Böhm, Winfried: Maria Montessori, Bad Heilbrunn 1991
Eichelberger, Harald: Handbuch zur Montessori-Didaktik, Wien 1997
Esser, Barbara/Wilde, Christiane: Montessori-Schulen, Reinbek bei Hamburg 1989
Hellbrügge, Theodor/Montessori, Mario (sen.): Montessori-Pädagogik und das behinderte Kind, München 1978
Holtstiege, Hildegard: Montessori-Pädagogik und soziale Humanität, Freiburg 1994
Holtstiege, Hildegard: Das Menschenbild bei Maria Montessori, Freiburg 1999

Ludwig, Harald (Hrsg.): Erziehen mit Maria Montessori – Ein reform-pädagogisches Konzept in der Praxis, Freiburg 1997
Ludwig, Harald (Hrsg.): Montessori-Pädagogik in der Diskussion, Freiburg 1999
Montessori, Mario (jun.): Erziehung zum Menschen, München 1977
Oswald, Paul/Schulz-Benesch, Günter: Grundgedanken der Montessori-Pädagogik, Freiburg 1983

Zeitschriften

Das Kind (Deutsche Montessori-Gesellschaft)
Montessori – Zeitschrift für Montessori-Pädagogik (Montessori-Vereinigung)

11. Anschriften

Deutsche Montessori-Gesellschaft, Postfach 5461, 97004 Würzburg

Montessori-Vereinigung e. V., Xantener Str. 99, 50733 Köln

Association Montessori International (AMI), Koninginneweg 161,
NL-1075 CN Amsterdam

Aktionsgemeinschaft Deutscher Montessori-Vereine e. V. (ADMV),
Geschäftsstelle, Friedenstr. 1, 59872 Meschede
(Hier ist ein Verzeichnis der deutschen Montessori-Landesverbände,
Vereine und Einrichtungen erhältlich.)

12. Register

Buchanzeigen

Biographien in C. H. Beck Wissen – eine Auswahl

Hans-Joachim Gehrke
Alexander der Große
2., durchgesehene Auflage. 2000.
111 Seiten mit 1 Karte. Paperback
(Beck'sche Reihe Band 2043)

Martin Jehne
Caesar
2. Auflage. 2001.
127 Seiten mit 4 Abbildungen. Paperback
(Beck'sche Reihe Band 2044)

Heinrich Schipperges
Hildegard von Bingen
4. Auflage. 2001.
123 Seiten mit 4 Abbildungen. Paperback
(Beck'sche Reihe Band 2008)

Jürgen Roloff
Jesus
2000. 128 Seiten. Paperback
(Beck'sche Reihe Band 2142)

Manfred Clauss
Kleopatra
2., durchgesehene Auflage. 2000.
127 Seiten mit 9 Abbildungen. Paperback
(Beck'sche Reihe Band 2009)

Hartmut Bobzin
Mohammed
2000. 128 Seiten mit 1 Karte und 1 Stammbaum. Paperback
(Beck'sche Reihe Band 2144)

Kinder- und Jugendpsychologie bei C. H. Beck

Reinmar du Bois
Kinderängste
Erkennen – verstehen – helfen
3., durchgesehene Auflage. 1998. 228 Seiten. Paperback
(Beck'sche Reihe Band 1137)

Reinmar du Bois
Jugendkrisen
Erkennen – verstehen – helfen
2000. 222 Seiten. Paperback
(Beck'sche Reihe Band 1311)

Arnold Lohaus/Johannes Klein-Heßling
Kinder im Streß und was Erwachsene dagegen tun können
Mit Illustrationen von Konny Droste
1999. 143 Seiten mit 15 Abbildungen, Checklisten, Fragebogen,
Graphiken und Illustrationen. Paperback
(Beck'sche Reihe Band 1335)

Christiane Nevermann/Hannelore Reicher
Depressionen im Kindes- und Jugendalter
Erkennen, Verstehen, Helfen
2001. 257 Seiten mit 3 Abbildungen und 6 Tabellen. Paperback
(Beck'sche Reihe Band 1440)

Reinhard Werth
Legasthenie und andere Lesestörungen
Wie man sie erkennt und behandelt
2001. 166 Seiten mit 24 Abbildungen. Paperback
(Beck'sche Reihe Band 1422)

Rolf Wille
Sucht und Drogen und wie man Kinder davor schützt
2., neubearbeitete und erweiterte Auflage.
1997. 150 Seiten. Paperback
(Beck'sche Reihe Band 1070)

C.H.BECK ■ WISSEN

in der Beck'schen Reihe

Zuletzt erschienen: